介護福祉士養成シリーズ 5

# 介護実習入門

守本とも子
星野政明
編著

黎明書房

# はじめに

　わが国は，21世紀に入り少子超高齢社会が進む中，疾病構造の変化・社会構造の変化に伴い，医療のあり方や人々の生活構造が急速に変化している。医療を提供する場も病院から施設，施設から在宅へと変化してきた。医療に対する考え方も，治療医学から予防医学へ，さらには健康の維持増進へと変化し，生活のあり方をも視野に入れた包括的な支援が必要とされてきている。
　医療分野においては，科学技術の進歩による医療の高度化に伴い，チーム医療の必要性や，福祉との連携のあり方について注目されるようになってきた。
　一方，福祉分野においては，高等教育による豊かな専門性と人間性を備えた福祉専門職としての人材の育成が喫緊の課題となっている。
　これらの社会状況を背景に，介護を担う専門職である介護福祉士の活躍に大きな期待が寄せられている。介護福祉士は専門的知識及び技術をもって身体上または精神上障害があることにより，日常生活を営むのに支障がある対象者に心身の状況に応じた介護を行うこと，また，対象者及びその家族に対して介護に関する指導を行うことを業とするものである。特別養護老人ホーム，デイケアセンターやその他の社会福祉施設など，活動の場が今後も増加していくことが充分に考えられる。
　これらの主旨をふまえ，本書は介護の専門援助に視点をあて，その内容，方法を具体的に示した介護福祉士（Care Worker）養成シリーズ①〜⑤までのシリーズのうち，シリーズ⑤『介護実習入門』である。
　本書において対象者への実際的な福祉的援助の方法を学び，専門職としての基盤を構築することが可能であると考える。
　最後に，本書を出版する機会をいただいた武馬久仁裕社長に感謝するとともに，企画および編集においていろいろご助言をいただいた編集部の村上絢子氏に感謝とお礼を申し上げます。
　　2012年（平成24年）1月吉日

編者

# 目　次

はじめに 1

## 第1章　介護の概要

### 第1節　介護の現状 …………………………………………… 10

1　少子高齢社会の到来 10
　(1)　他国との比較 11
　(2)　少子高齢化の社会への影響 12
2　介護の社会化 13
3　障害者支援 14
4　介護職とは 14
　(1)　介護職の歴史的背景 14
　(2)　介護福祉士とは 15
　(3)　介護職が求められる時代 15

### 第2節　介護の倫理 …………………………………………… 17

1　倫理とは 17
2　自立支援 19
　(1)　自立とは 19
　(2)　意思の尊重と言いなりになることの違い 19
3　アドボカシー（代弁者）20

(1)　訴えを代弁すること　20
　　　(2)　権利擁護(ようご)　20
　　4　守秘義務(しゅひ)　21
　　5　自己研鑽(けんさん)　21

## 第3節　介護の原則　……………………………………………　23

　　1　介護に求められる原則　23
　　　(1)　信頼関係の構築　23
　　　(2)　介護の3原則　24
　　　(3)　介護者に求められる条件と心得　24
　　2　尊厳を支える介護　25
　　　(1)　尊厳を支えるケア　25
　　　(2)　利用者主体　26
　　3　自立に向けた介護　27
　　　(1)　自立支援　27
　　　(2)　個別ケア　28
　　　(3)　ICF　28

## 第4節　介護施設の概要と入所者の特徴　……………………　33

　　1　介護施設とは　33
　　2　介護施設とその概要　34
　　　(1)　特別養護老人ホーム（介護老人福祉施設）　34
　　　(2)　介護老人保健施設　35
　　　(3)　養護老人ホーム　36
　　　(4)　軽費老人ホーム（ケアハウス）　37
　　　(5)　訪問介護事業所（ホームヘルプサービス）　37
　　　(6)　通所介護事業所（デイサービス）　39
　　　(7)　認知症対応型共同生活介護（グループホーム）　39
　　　(8)　小規模多機能居宅介護(きょたく)　40

(9)　障害者支援施設　41
　(10)　重症心身障害児施設　41
　(11)　救護施設　43

# 第2章　介護実習前の基礎知識

## 第1節　介護実習の意義と目的　46

　1　介護教育の背景　46
　2　介護実習の意義　47
　3　介護実習の目的と実際　48

## 第2節　介護の姿勢　50

　1　社会人としての基本的姿勢　50
　2　倫理観を養う姿勢　51
　3　主体的に学ぶ姿勢　52
　4　観察力と判断力を磨く姿勢　53

## 第3節　コミュニケーションの基本　55

　1　コミュニケーションとは　55
　2　コミュニケーションの目的　55
　　(1)　介護を展開する過程において必要なコミュニケーション　56
　　(2)　一般的なコミュニケーション（日常の会話）　56
　3　コミュニケーションの分類　56
　4　コミュニケーション成功のための要素　57
　　(1)　環境：コミュニケーションが行われる場所　57
　　(2)　対象者：対象者の現状　57
　　(3)　介護者：介護者の気分や態度　58

(4)　その他　58

　5　コミュニケーションの改善に役立つ基本テクニック　59

## 第4節　コミュニケーションの実際　61

　1　コミュニケーションを行う前の準備　61

　　(1)　自分の気持ちをニュートラルにして相手に向かい合う　61

　　(2)　言語的コミュニケーションと非言語的コミュニケーションの一致　62

　　(3)　環境づくり　62

　2　信頼関係をつくるコミュニケーション技術の基本　62

　　(1)　コミュニケーションを行う目線　62

　　(2)　位置関係　63

　　(3)　コミュニケーションの導入　64

　3　効果的なコミュニケーションの技術　65

# 第3章　介護過程

## 第1節　介護過程の意義と目的　68

　1　介護過程とは　68

　2　介護過程の意義　68

　　(1)　利用者にとっての利点　69

　　(2)　介護福祉士にとっての利点　69

　3　介護過程の目的　70

## 第2節　介護過程の流れ　71

　1　介護過程の8要素　71

　2　介護過程の流れ　72

　　(1)　情報収集　72

（2）アセスメント　74
　　（3）課題の明確化　75
　　（4）目標設定　76
　　（5）計画立案　76
　　（6）実施　77
　　（7）評価　77
　　（8）修正（適宜）　77

## 第3節　ケーススタディに学ぶ具体的展開　　79

　1　介護過程の展開　79
　　（1）介護保険施設における介護計画作成の流れ　79
　　（2）尊厳と自立の支援に向けた介護過程の展開　80
　2　介護過程の実際的展開　80
　　（1）介護計画の開始　80
　　（2）アセスメントの実施　80
　　（3）介護計画の立案　82
　　（4）支援の実施　82
　　（5）評価（モニタリング）　83

# 第4章　介護実習の実際

## 第1節　車椅子の操作　　86

　　（1）車椅子の名称　87
　　（2）車椅子の自走　89
　　（3）車椅子の介助方法　91
　　（4）車椅子，電動車椅子の位置づけ　95

## 第2節　歩行の介助 …… 97

1　歩行のメカニズムと病的歩行　97
　(1)　正常歩行のメカニズム　97
　(2)　さまざまな疾患を持つ人の歩行　98
2　歩行補助具の種類と使用方法　101
　(1)　歩行補助具と安定性　101
　(2)　各歩行補助具の使い方　102
3　歩行介助の実際　104

## 第3節　整容の介助 …… 106

1　「整容」の意義　106
2　衣服の着脱の介護　107
　(1)　衣服着脱のポイント　107
　(2)　衣服の選択　107
　(3)　具体的介助方法　107
3　身だしなみの介護　112

## 第4節　食事の介助 …… 114

1　食事の介助の考え方とその実際　114
　(1)　食事の重要性及び口から食べることの重要性　114
　(2)　介助の重要性　115
　(3)　介助にあたり配慮すべきポイント　116
　(4)　摂食障害，嚥下障害のある人の食事の形態　117
2　食事の介助体験　118

## 第5節　排泄の介助 …… 120

1　排泄介助の重要性　120
　(1)　生活のリズムを知る　120

(2)　排尿（排便）パターンを知る　120
2　排泄介助時の観察と留意点　121
　(1)　その人に合った方法（物品）で行う　121
　(2)　排泄環境を整える　121
　(3)　精神的な負担を軽くする　121
　(4)　健康チェックをする　121
　(5)　排泄後の清潔を保つ　121
3　排泄介助の方法と留意点　122
　(1)　トイレでの排泄　122
　(2)　ポータブルトイレでの排泄　122
　(3)　尿器・便器での排泄　123
　(4)　オムツ交換　123

索引　126


＊イラスト・岡崎園子

# 第1章
# 介護の概要

**第1節●介護の現状**
**第2節●介護の倫理**
**第3節●介護の原則**
**第4節●介護施設の概要と入所者の特徴**

## 第1節 介護の現状

わが国においては，少子化と高齢化が同時に進行し，まれにみる少子高齢社会となっている。本節においては，少子高齢社会の現状とそれが社会に及ぼす影響について述べる。そして，とりわけ，高齢者と障害者に視点をあて，「介護の社会化」「障害者支援」の概要について説明する。
また，このような社会の現状から，国民のニーズに応えるべく，介護保険制度のもとに介護福祉士が誕生した経緯と介護福祉士に期待される役割と課題について述べる。

### 1　少子高齢社会の到来

わが国の2010（平成22）年度の平均寿命は男性79.64歳，女性86.39歳であり，男性は世界4位，女性は世界1位を誇る。

2011年版「高齢社会白書」によると2010年10月1日現在，65歳以上の高齢者人口は2958万人で，高齢化率（総人口に占める65歳以上の割合）は23.1％（前年比0.4ポイント増）と過去最高となった。このうち75歳以上の後期高齢者は1430万人で11.2％とこちらも過去最高となった。

わが国の高齢化の歴史をたどると，1970（昭和45）年に高齢化率が7％に達した高齢化社会に，1994（平成6）年には高齢化率が14％に達した高齢社会となった。今後，団塊の世代（昭和22年から24年生）が65歳を迎える2015年には高齢化率が26.9％になると試算されている。総人口は2004（平成16）年をピークに減少に転じ，人口減社会が現実のものとなった。総人口が減少する中で高齢化率はさらに上昇し，団塊の世代がすべて75歳以上の後期高齢者となる2025年には30.5％に達すると見込まれている。

一方，ある年の一人の女性が生涯に出産する平均的な子どもの数を示す合

計特殊出生率は，これまで二度にわたるベビーブームを終えて1970年代後半から徐々に減少し始め，2005（平成17）年には1.26と過去最低を更新した。

このような人口構造の変化から，2010年は現役世代2.8人で高齢者1人を支えているが，2025年では2.0人，2055年には1.3人で支える構図になると推定している。このように，わが国は，これまで経験したことのない少子高齢社会に突入する（図1-1）。

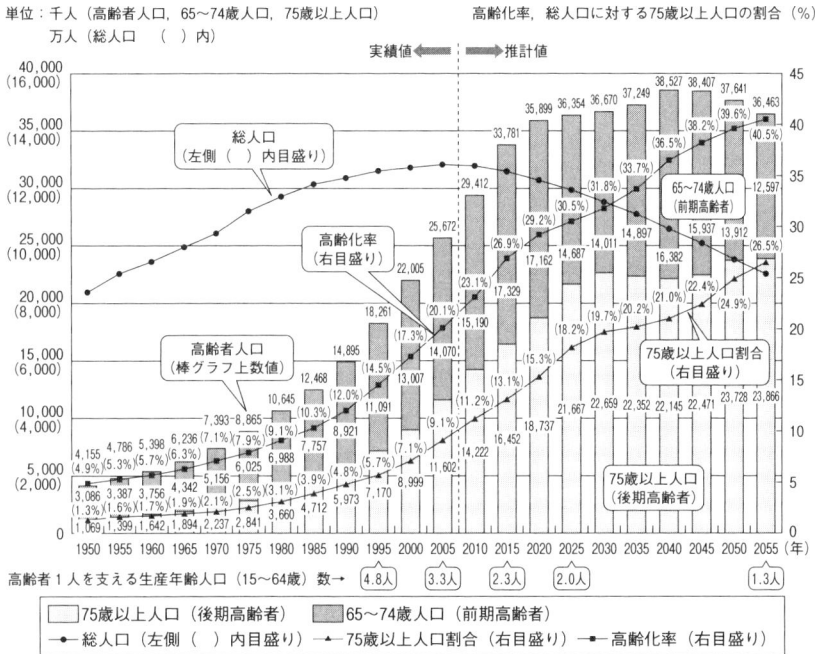

図1-1　高齢化の推移と将来推計

出典：内閣府「平成23年版　高齢社会白書」より

## (1) 他国との比較

人口の高齢化は，先進諸国に共通して見られる現象である。経済発展によ

る国民生活の水準が向上し栄養状態が改善され，医療が普及したことで感染症による死亡者数が減少し，高度な医療による救命がなされた結果といえる。

わが国の高齢化率は2010年時点で世界1位であり，2位と3位のイタリアやスウェーデンよりも2から3ポイント高く，中国より13ポイント，韓国と比べても10ポイントほど上回っている。

高齢化の進行状況を示す指標として高齢化率が7％から14％に達する年数（人口高齢化速度）がある。ドイツでは40年，スウェーデンでは85年であるのに対し，わが国はわずか24年で達成した。このように，わが国の高齢化は他の先進国が経験したことのないスピードで進展している。

## (2) 少子高齢化の社会への影響

平均寿命が延伸したことは賞賛すべきことである。しかし少子高齢化に伴う諸問題も発生している。

以下に少子高齢化が社会に及ぼす影響を挙げる（図1-2）。

### ① 健康寿命の低下，要介護者の増大

世界保健機関（WHO）によれば，わが国の健康寿命＊は男性72.3歳，女性77.7歳と報告されている。

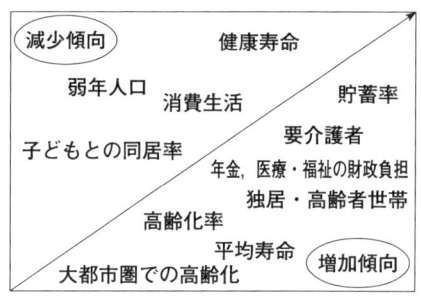

図1-2　少子高齢化と社会への影響

つまり，平均寿命の約8歳手前からは何らかの介護が必要となり，要介護者になる可能性が高いということである。わが国では，介護が必要となる原因として，脳血管障害，老衰，転倒・転落，認知症が上位に挙げられており，これらの疾病に対する介護予防にも目を向けていく必要がある。

### ② 財政問題

---

＊　健康寿命：日常的に介護を必要とせず，自立した生活ができる生存期間のことで，世界保健機関（WHO）が2000年にこの言葉を公表した。平均寿命から介護を必要とする（自立した生活ができない）年数を引いた数値が健康寿命になる。2004年のWHOの報告では，日本人の健康寿命は男性で72.3歳，女性で77.7歳，全体で75.0歳であり，世界第1位である。

高齢化により仕事に従事し社会を支えていく人口が減少し，国全体の経済力低下につながる。さらに，年金や医療・福祉における社会保障財政の問題も起きてくる。社会保障給付費の国民所得比率は1970年度の5.8％から2008年度時点で26.8％まで上昇しており，今後，現役世代の税負担の増大や高齢者の年金受給額の低下が危惧される。

### ③　貯蓄率の上昇

　将来の生活に対する不安から貯蓄率が上昇し，消費生活が低下すると考えられる。

### ④　高齢者世帯の増加

　終戦直後，子どもとの同居率は約80％で，多くの高齢者が身の回りの介護を子どもや家族に依存していた。しかし，近年，子どもと同居している高齢者は減少しており，高齢者世帯が増加している。今後，高齢者のみで生活し続けることが困難な社会に突入すると予測される。

### ⑤　大都市部の高齢化

　団塊の世代の多くが大都市に居住しているため，今後は大都市圏における高齢化が急速に進展すると考えられる。

## 2　介護の社会化

　高齢化の進展に伴う要介護高齢者の増加や核家族化の進行など，要介護者を支えてきた家族をめぐる状況の変化に対応するため，社会全体で高齢者介護を支える仕組みとして，2000（平成12）年4月に介護保険制度が創設された。

　介護保険制度は健康保険，年金保険，雇用保険，労災保険に次ぐ，わが国で5番目の社会保険制度となった。介護保険制度の創設以来，介護サービスの利用者は在宅サービスを中心に倍増し，老後の安心を支える仕組みとして，広く定着してきた。

　2009年には469万人が要介護の認定を受け，そのうち384万人が実際に介護サービスを利用し，介護保険制度は，高齢者を社会全体で支えるしくみの一端を担う重要な制度になったといえる。

## 3　障害者支援

2006（平成18）年に施行された障害者自立支援法は，3つの障害（身体障害，知的障害，精神障害）や年齢によって複雑に組み合わさっていたこれまでの障害保健福祉サービスを一元化するもので，障害の種別や年齢の枠組みを超えた共通のルールのもとで諸サービスを受けられる仕組みである。

従来の障害保健福祉サービスは，障害の種別や，在宅か施設かの区別で分類されていたが，この制度では機能や目的別に分類されており，自立訓練や就労移行支援など新しいサービスも取り入れている。

近年，障害児・者の数が増加傾向である。中でも，在宅で暮らす障害者の数が増加している。今後，高齢者の福祉サービスだけでなく障害者自立支援法に基づく福祉サービスの需要も増えると考えられる。

## 4　介護職とは

### (1)　介護職の歴史的背景

介護の専門性が求められるようになった歴史的背景は，1963年の老人福祉法における特別養護老人ホームの設置にあるといえる。

この法律により，特別養護老人ホームに入所する高齢者や障害者へのケアを行う人材確保が急務となった。看護師業務が診療補助と療養上の世話であったため，看護師をケア業務にあてようとしたが，慢性的な看護師不足によりケア業務を担うことができなかった。そのため，開設当初の介護は寮母により行われていた。

しかしその後，高齢化社会の進行に伴う障害高齢者の介護ニーズが高まる中，質の高い介護を提供するために1987（昭和62）年に社会福祉士及び介護福祉士法が成立し，高齢者や障害児・者に対して日常生活全般にわたる身の回りの世話や介助などを行う専門職として介護福祉士が誕生した。

このような歴史的背景から，介護福祉士はケアという意味において看護と深く重なっている。

介護と看護の業務の関係性は障害，疾病，サービス提供の種類や時期などからみた場合，重複しながらも専門的に分化していると捉えることができる（図1-3）。

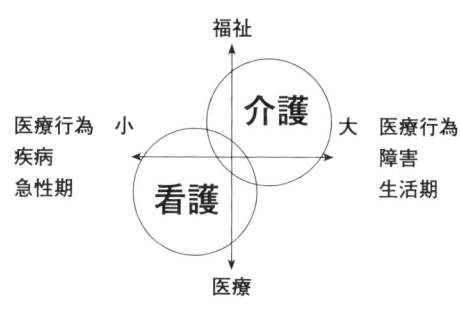

図1-3 介護と看護の業務

## (2) 介護福祉士とは

介護福祉士の定義は，「登録を受け，介護福祉士の名称を用いて，専門的知識及び技術をもって，身体上又は精神上の障害があることにより日常生活を営むのに支障がある者につき心身の状況に応じた介護を行い，並びにその者及びその介護者に対して介護に関する指導を行うことを業とする者をいう」とされている（社会福祉士及び介護福祉士法第2条）。

さらに，法律では介護福祉士の秘密保持義務，信用失墜行為の禁止，医療関係者等との連携義務，名称の使用制限についても明記されている。

## (3) 介護職が求められる時代

高齢者といってもかなり大きな年齢幅があり，それぞれ異なる時代背景に生まれ育ち，多様な人生経験と価値観を持つ世代の集まりであるといえる。

現在100歳の人は明治生まれであり大正デモクラシー＊を経験している。1945（昭和20）年の終戦を経験した者，2015年に65歳を迎える団塊の世代は戦後の復興と経済成長を支えてきた人である。

このように個人が培ってきた人生の足場が異なることから，さらに国民の

---

＊ 大正デモクラシー：日露戦争後から大正末年までの間，政治，社会，文化の各方面に顕著に現れた民主主義的，自由主義的傾向をいう。

福祉サービスに対する需要が多様化・高度化すると考えられる。

　今後，急速に進展する高齢化により，介護へのニーズは増大することが予測される。2007（平成19）年度で介護職は約124万人であるが，2011（平成23）年度には約150万人，2025（平成37）年度には約212万人から225万人が必要になると見込まれている。

　今後，福祉サービスの提供に必要な福祉の専門職について，さらなる量的拡充を図るとともに，福祉の専門職の中核的役割を担う質の高い介護福祉士の養成及び確保に努めなければならない。

　地域の中での介護サービスの提供，医療と介護の連携体制の強化，高齢者の住まいにおける介護サービスの充実，施設の居住環境の向上，認知症高齢者に対するサービス確保などを重点にした地域包括ケアが進められていく中，地域で活動する介護福祉士の果たす役割は大きい。　　　　（横井賀津志）

**参考文献**
(1) 内閣府「平成23年版　高齢社会白書」2011年。
(2) 厚生労働省編「平成22年版　厚生労働白書」2010年。
(3) 社団法人全国老人保健施設協会編集「平成22年版　介護白書」TAC出版，2010年。
(4) 財団法人厚生統計協会「国民衛生の動向2010/2011」「厚生の指標」増刊Vol. 57 No.9，財団法人厚生統計協，2010年。
(5) 住居広士他編集『介護福祉用語辞典』ミネルヴァ書房，2009年。
(6) 秋元美世・大島巌他編集『現代社会福祉辞典』有斐閣，2005年。
(7) 内閣府編「障害者白書」2011年。

第1章　介護の概要

## 第2節 介護の倫理

　本節では，介護を行うにあたって，身につけておかなければならない倫理について述べる。介護における倫理とは，介護に携わる者の基本的な姿勢，つまりは介護の原則そのものであり，援助の過程での指標ともなるものである。

　本節では，介護の倫理について「日本介護福祉士会倫理綱領（1995年）」をもとに対象者の自立，権利擁護（ようご），守秘（しゅひ）義務などのキーワードに分類して説明する。そして介護者専門職者の自己研鑽（けんさん）の必要性についても述べる。

### 1　倫理とは

　倫理とは，広辞苑（こうじえん）によると「人倫のみち」「実際道徳の規範となる原理」とある。人倫とは，「人と人との秩序関係」「転じて，人として守るべき道」であり，道徳（moral）とは，「ある社会で，その成員の社会に対する，あるいは成員相互間の行為の善悪を判断する基準として，一般に承認されている規範の総体」である。

　介護における倫理として，社団法人日本介護福祉士会では「日本介護福祉士会倫理綱領」を定めている（表2-1）。

　倫理というと非常に難しいように思うが，介護職としての基本的な姿勢，介護の原則であり，援助の過程で迷った時，考える道しるべとなるものである。

　この章では，介護の倫理を「自立支援」「アドボカシー（代弁者）」「守秘（しゅひ）義務」「自己研鑽（けんさん）」の4つにまとめて考えていきたい。

## 日本介護福祉士会倫理綱領

1995年11月17日宣言

前文

　私たち介護福祉士は，介護福祉ニーズを有するすべての人びとが，住み慣れた地域において安心して老いることができ，そして暮らし続けていくことのできる社会の実現を願っています。

　そのため，私たち日本介護福祉士会は，一人ひとりの心豊かな暮らしを支える介護福祉の専門職として，ここに倫理綱領を定め，自らの専門的知識・技術及び倫理的自覚をもって最善の介護福祉サービスの提供に努めます。

《利用者本位，自立支援》

1．介護福祉士は，すべての人々の基本的人権を擁護し，一人ひとりの住民が心豊かな暮らしと老後が送れるよう利用者本位の立場から自己決定を最大限尊重し，自立に向けた介護福祉サービスを提供していきます。

《専門的サービスの提供》

2．介護福祉士は，常に専門的知識・技術の研鑽に励むとともに，豊かな感性と的確な判断力を培い，深い洞察力をもって専門的サービスの提供に努めます。
　また，介護福祉士は，介護福祉サービスの質的向上に努め，自己の実施した介護福祉サービスについては，常に専門職としての責任を負います。

《プライバシーの保護》

3．介護福祉士は，プライバシーを保護するため，職務上知り得た個人の情報を守ります。

《総合的サービスの提供と積極的な連携，協力》

4．介護福祉士は，利用者に最適なサービスを総合的に提供していくため，福祉，医療，保健その他関連する業務に従事する者と積極的な連携を図り，協力して行動します。

《利用者ニーズの代弁》

5．介護福祉士は，暮らしを支える視点から利用者の真のニーズを受けとめ，それを代弁していくことも重要な役割であると確認したうえで，考え，行動します。

《地域福祉の推進》

6．介護福祉士は，地域において生じる介護問題を解決していくために，専門職として常に積極的な態度で住民と接し，介護問題に対する深い理解が得られるよう努めるとともに，その介護力の強化に協力していきます。

《後継者の育成》

7．介護福祉士は，すべての人々が将来にわたり安心して質の高い介護を受ける権利を享受できるよう，介護福祉士に関する教育水準の向上と後継者の育成に力を注ぎます。

表2-1　日本介護福祉士会倫理綱領

出典：社団法人日本介護福祉士会　http://www.jaccw.or.jp/about/rinri.html

## 2　自立支援

### (1)　自立とは

　自立とは，自分で日常生活に必要な行動ができるという意味もあるが，自分の意思により，生き方や日常生活のあり方を決定する自律の意味も含まれている。
　自立支援とは利用者が自分の意思で行動し，その人らしい生活が送れるように援助することである。利用者の意思を尊重するためには，利用者が自分の思いや望みを語ることができる関係を築くことが重要である。
　時に利用者は迷ったり，気持ちが揺れ動いたりすることもある。利用者のありのままの姿や気持ちを受け止め，一緒に考えるという安心をもたらすような対応を心がける必要がある。利用者に適切な情報提供を行い，自己決定できるきっかけを作ることも介護の役割だといえる。
　一方，指示・命令的な口調になると，利用者は受身的な姿勢にならざるを得ない。特に，移動動作を援助する時は，次の動作を指示的な口調で説明する傾向がある。
　また，一生懸命に介護する人ほど，これまでの知識や実習での経験から，自分が望ましいと思う返答を誘導するような問いかけをすることもあるので注意する必要がある。

### (2)　意思の尊重と言いなりになることの違い

　ここで考えておきたいのは，利用者の意思を尊重することは，言いなりになることではないということである。
　専門職として必要であると判断した援助，疾病（しっぺい）を悪化させる要因となる生活習慣の改善など，利用者が健康な生活を維持するうえで必要なことは，受け入れたり改善するようなかかわりが求められる。
　そのため，常に相手の立場になって考え，提案する姿勢を身につける必要

がある。人からの援助を受け入れることや，今まで培(つちか)った生活習慣を改善することは容易なことではない。

生活環境，家族関係，経済状況など個々の生活状況を把握(はあく)し，利用者の価値観を大切にしながら，実行できそうなことを一緒に考えていくことも介護者の役割である。

## 3　アドボカシー（代弁者）

### (1)　訴えを代弁すること

利用者の中には，自分の思いを訴えない性格であったり，疾病などにより言語・視聴覚に障害があり上手く訴えられないこともある。利用者の心の奥にある思いを引き出すようなかかわりが求められる。

利用者の意思は言語化された言葉だけでなく，日常生活におけるささいな表情の変化やつぶやきからも知ることができる。

そのためには，日頃から信頼関係を築く人間性と，ゆとりを持って利用者とかかわる時間をつくることも必要である。

言語・聴覚障害がある場合は，環境を整え，その人の持っている力を最大限に活用するコミュニケーション手段を用いるようにする。（第3・4節参照。）

### (2)　権利擁護(ようご)

介護の実習においては，食事・排泄(はいせつ)・清潔の介助(かいじょ)など，利用者の日常生活援助にかかわることが多い。

特に，入浴介助や排泄援助は羞恥心(しゅうちしん)を伴う援助である。露出部分が少なくなるよう，介護技術の基本的な知識を念頭におき，技術の反復練習を行ったうえで，実習に望む必要がある。

気持ちよく入浴できる介助，気持ちよく排泄できる介助を心がけたい。そのためには援助する際の言葉がけに配慮することが重要である。

利用者のプライバシーの保護に努めるとともに，安全で安楽な環境づくりも必要である。

地域で生活する利用者においては，権利擁護事業，成年後見制度などのフォーマルな社会資源の活用も視野に入れて援助する。

## 4　守秘義務

　介護職は，画一的なケアではなく，個別性のあるケアが求められる。個別性のある日常生活の援助を行うためには，利用者に関する多くの情報を得る必要がある。また，援助の過程を通しても多くの情報を得ることになる。

　これらの情報は，介護職としてケアするために知り得た情報であり，決して口外してはいけない。学習目的のカンファレンスなどで議題にすることはあっても，自宅を含めた実習先以外の場所で話題にしないよう注意が必要である。

　実習記録など利用者に関する情報を記載した書類の保管にも注意が必要である。

　通学の途中や飲食店など公共の場所で，利用者の個人情報が記載された記録を見たり書いたりしてはいけない。実習後，記録類は所属学校や実習先機関の規定にしたがい，責任を持って処理する必要がある。

## 5　自己研鑽

　超高齢社会を迎え，社会が介護職に求める期待は大きい。

　介護の対象も幼児から高齢者までと幅広い年齢層となり，介護予防からターミナル期まで健康段階もさまざまである。

　介護・福祉に関する制度も改定が繰り返され，介護に関する知識も広く，そして深く求められる時代になっている。

　介護に対するニーズが多様化する中で，専門職として，最新の情報や知識を得るとともに，介護の原理原則に基づきながら個々の状況に応じた介護の

方法を選択する判断力が求められる。

　介護の学習は，資格を取るまでの学生時代でとどまらず，常に自己を研鑽(けんさん)する必要がある。資格を取得した後も研修に参加したり，新しい知識を習得する姿勢が求められる。

　知識や技術を与えられるのではなく，自ら学びを獲得し続けることが専門職の責務であり，倫理観の一つである。
　　　　　　　　　　　　　　　　　　　　　　　　　　　（川口ちづる）

　　**引用・参考文献**
(1) 新村出編『広辞苑』岩波書店。
(2) 箕岡真子・稲葉一人編著『高齢者ケアにおける介護倫理』医歯薬出版。
(3) 守本とも子・星野政明編著『生活支援技術・介護過程』黎明書房，2010 年。
(4) 川野雅資監修・守本とも子編『老年看護学』ピラールプレス。
(5) サラ T. フライ他著，片田範子他訳『看護実践の倫理』第 3 版，日本看護協会出版会。

第1章 介護の概要

# 第3節 介護の原則

介護の原則は，第2節でも述べたように介護職が介護を行うにあたっての道しるべとなるものである。本節では，介護の原則について説明し，その中核となる「尊厳を支える介護」と「自立に向けての支援」のあり方について述べる。
また，介護の役割遂行(すいこう)にあたって重要な考え方である国際機能分類(ICF)の概念及び，その構成要素と関連性が理解できるように説明する。

## 1 介護に求められる原則

### (1) 信頼関係の構築

介護に求められる第一の原則は，利用者との適切な人間関係を築くこと，つまり信頼関係の構築が介護の出発点である。利用者との信頼関係が確立されていないと，より良い介護の提供が危(あや)ぶまれるだけでなく，必要な介護を提供することすら困難な状況になりかねない。

これは，どのような人であれ信頼のおける人との関係性の中でなければ，安全・安心の環境が確保されにくいからである。ましてや，移動や入浴などの介護を受ける場合，利用者は自分の身体を相手に預けなければならない。容易に誰にでも任せるというわけにはいかないのである。

ここでいう信頼関係とは，専門職としての介護者に対する信頼関係のことである。決して知人・友人などとの一般的かつプライベートな関係を指すのではない。利用者が介護者として明確に認識しているかが問題となる。つまり，介護者の役割を正しく認識しているかが問われる。適切な認識が生まれるような働きかけや接し方を積極的に行うことで，利用者に理解してもらい，

介護者としての仕事を通じて専門的な信頼を得なければならない。それは日常生活上のさまざまな問題や対策を安心して委(ゆだ)ねられる信頼である。

信頼関係の構築に必要な要素は次の3つに集約できる。
① 介護者と利用者による双方向のコミュニケーションが交わされていること
② 介護の目的や，介護者・利用者の役割をお互いに理解していること
③ 介護者の専門性や人間性が高く維持されていること

### (2) 介護の3原則

青山は介護の3原則を「寝たきりにしない，させない」「主体性や個性を引き出す」「生活習慣を守る」としている〈文献(1)〉。

① **寝たきりにしない，させない**

寝たきりにしない，させないとは，寝たままの食事・排泄(はいせつ)・入浴をしないことで，食事は胃ろうや寝たままの食事介助(かいじょ)をしないこと，排泄はオムツにしないでトイレでの排泄を試みること，入浴は機械浴にしないことである。

② **主体性や個性を引き出す**

主体性や個性を引き出すとは，対象者の状態に適応した生活空間づくりをすることである。残存機能を活かすための環境を整備し，対象者のやる気や生きようとする気持ちを引き出す工夫が期待される。

③ **生活習慣を守る**

利用者の生活歴・職歴・家族などを知り，その人の生活歴を把握していなければ，個別のニーズに応じたケアプランはできない。

生活習慣を守るとは，趣味や嗜好(しこう)，仕事，出身地，大事にしていることなど，その人なりのこだわりを優先することである。

### (3) 介護者に求められる条件と心得

介護者は，介護を必要とする高齢者等との援助関係を基盤に，介護の精神（spirit），知識（science），技術（skill）の3Sを用いて，要介護者・要支援者・介護予防対象者等が，それぞれの可能性を最大限に発揮できるように援

助する専門職である。その条件として，介護者には次の5H，つまり，心（heart），頭（head），手（hand），人間関係（human relations），健康（health）が求められる。

① あたたかく思いやりのある心で，利用者に接する「熱い心」
② 利用者を冷静かつ客観的に観察し，理解・判断する力を持つ「クールな頭」
③ 修得した知識・技術を活用し，具体的に実行できる技能を持つ「優れた技」
④ 利用者や職員同士との関係を円滑に保ち，相手も自分も大切にする「良好な人間関係」
⑤ 介護者自身の心理的・身体的・社会的健康に留意し，常に安定した状態を維持することができる「心身の均衡のとれた健康」

このような条件の数々を意識し，利用者や仲間たちとの交わりを通じて，バランスよく自分自身を整えていくことで総合力の高い介護者へと成長していく。

ところで，提起されている介護の原則がさまざまある中で，介護職が活動するうえで常に留意し続けなければならない2つの心得が，「個人の尊厳」と「自立支援」の追求である。

## 2　尊厳を支える介護

### (1) 尊厳を支えるケア

日本国憲法では，第11条で基本的人権を尊重することが根本的な原理として定められており，第13条では個人の尊重（尊厳）と幸福追求権，第25条では生存権がそれぞれ規定されている。

近年，社会福祉にかかわる法律の中で，「尊厳の保持」の規定が明記された。2000（平成12）年に改正された社会福祉法では，第三条において「福祉サービスは，個人の尊厳の保持を旨とし」と明記され，2005（平成17）年に改正された介護保険法においても，第一条で要介護状態となった高齢者等の「尊厳の保持」が明記された。「尊厳の保持」は契約に基づく介護保険時代の潮流

の中で，介護の重要なキーワードになっている。

2004（平成16）年7月から2006（平成18）年3月までに3回の提言が行われた「介護サービス従事者の研修体系のあり方について～キャリア開発支援システムの研修カリキュラムについて」では，尊厳を支えるケアを「介護保険制度の理念である『自立支援』をさらに一歩進め，利用者が自尊心を持てるような生き方を支え，実現するケア」〈文献(2)〉としている。

介護者は，法律や提言に明記されたから利用者の人権擁護に努めるのではない。人が人であれば当然持っている普遍的な権利であり，介護者にとっての当然の倫理行動である。

たとえ介護が必要な状態になったとしても，命のある限り尊厳を持って人生を送ることができるように，介護者は，利用者の自立支援や生活の質の向上だけでなく，尊厳のある生活（Respect of Living；ROL）を守り，人生のインテグレーション（総仕上げ）を支援する役割も担っている。

### (2) 利用者主体

利用者の主体性を尊重するためには，利用者が自己決定権を行使できるように支援することが求められる。

そのためには，専門職者として十分な情報を提供し，利用者が選択と決定を行うことができるようにする必要がある。それは，「自ら選んで，決めて，行動する」ことに主体性が存在するからである。

一度の説明で理解することが困難な状況であれば，専門用語を避け，イラスト画や動画を活用するなど伝達手段に工夫を凝らして，利用者が理解できるまで繰り返し説明しなければならない。

アカウンタビリティ（説明責任）は，介護者にとって利用者主体を実現するために欠かせない重要な使命である。

ところで，介護職側の都合を優先してケアすることは，利用者本位ではなくサービス本位といわれる。業務の効率化や合理性を優先すると，現場ではどうしても主体性の針が介護側に傾いてしまう。ここは介護者の揺るぎない職業的価値が求められるところである。

# 3 自立に向けた介護

## (1) 自立支援

　広辞苑によれば，自立とは，「他の援助や支配を受けず，自分の力で判断したり身を立てたりすること」となっているが，介護における自立の概念はさらに焦点を絞る必要がある。それは生活上における自立の考え方である。

　人間は，「身体・精神・社会の統合体」〈文献(3)〉である。したがって，身体的自立，精神的自立，社会的自立は相互に密接に関係しており，自立とはこれら3つの領域の総合を指すのである。総合的自立が本来の人の姿であるからこそ，利用者の身体・精神・社会の自立を目指すことが支援活動のゴールとなるわけである。この3つの領域の自立が損なわれている状態を，身体的には「寝たきり」，精神的には「認知症」，社会的には「閉じこもり」と呼んでいる。決してこれらは病名ではなく，あくまでも状態像である。

　状態像の判断については，寝たきり状態では，食事・排泄・入浴等の「ADL：Activities of Daily Living（日常生活動作）」，認知症状態では，徘徊・夜間せん妄等の「BPSD：Behavioral and Psychological Symptoms of Dementia（認知症に伴う行動障害と精神症状）」，閉じこもり状態では，外出頻度・対人交流等の「QOL：Quality of Life（生活の質）」をその主な判断指標とする。

　介護者は各状態の詳細な状況をアセスメントし，介護がなぜ必要な状態になったかを分析し，その改善のための科学的な対応が求められる。

　ADLが少しでも改善し，BPSDがすっかり消失し，インフォーマル（informal：略式）な対人交流が回復していることが，まさに総合的な自立支援

| 領　域 | 状態像 | 主な判断指標 | 具体例 |
|---|---|---|---|
| 身体的自立 | 寝たきり | ADL（日常生活動作） | 食事，排泄，入浴等 |
| 精神的自立 | 認知症 | BPSD（認知症に伴う行動障害と精神症状） | 徘徊，夜間せん妄等 |
| 社会的自立 | 閉じこもり | QOL（生活の質） | 外出頻度，対人交流等 |

表3-1　自立の領域と介護の状態像

となるのである。介護の専門性はこれらの「状態改善」にある。

### (2) 個別ケア

　個別ケアとは，ADL の低下や BPSD の表出などで失われてしまった「その人らしさをよみがえらせること」を指す。そして，人間関係を築きながら，その人が本来持っている個性や生活のリズム，こだわりの生活習慣をもう一度再現できるように尊厳あるケアを実現することである。さらに，この先の利用者の人生を考え，個別的で独自性のある目標を立てて，最も幸せな人生の状態をつくっていくことが指針となる。

　具体的には，次の5つの状態像を目指すことが，個別ケアの実践指標となりえる。かなり専門性の高い取り組みとなるが，これらを尊厳と自立を実現する最低限度の目標として位置づけることである。
① 経口摂取での「食事」。経管栄養ではない。
② トイレでの「排泄」。オムツではない。
③ 一人浴（個浴）での「入浴」。機械浴ではない。
④ 個別の「外出」。行事などでの集団外出ではない。
⑤ 認知症ケア。「BPSD」の消失。対症療法ではない。

　個別ケアは，介護が必要な状態になっている原因を特定し，科学的なアプローチをチーム全体で行うことである。決して一人（個別）で介護を行うことではない。

　また，介護の対象となる利用者を集団化するのではなく，個別化することこそが，個別ケアの真の意味である。

　その際，介護者に求められる姿勢としては，時間がない，人手がない，一人ひとりにかかわれない等の障壁がたとえあったとしても，それらを乗り越えて，「いつでも」「どこでも」「どんな状態の利用者」に対しても「本人の立場で感じとり，考え，気づいて，動く」実践的な姿勢である〈文献(4)〉。

### (3) ICF

　1980 年に WHO（世界保健機関）によって定められた ICIDH（International Classification of Impairments, Disabilities and Handicaps；国際障害分類）は，障害を3つのレベルに分けて捉えた。生理機能が損なわれている状態の機能障害（impairment）と，その結果生じた機能面の制約である能力低下（disability），さらに能力低下により社会的関係の中で権利が侵されているという社会的不利（handicap）が生じるとされた。

　ICIDHの3つの概念には明らかな区別があり，疾患／変調→機能・形態障害→能力低下→社会的不利といった図式が障害を持つ人の問題を論じる時の根拠になっていた。しかし，この概念は，専門家中心に作られたものであり，当事者の意向の反映が十分ではなかったことなどを背景に，障害を持つ人の状態のマイナス面を強調することになり，機能障害が改善しなければ能力障害も改善せず，結果として社会的不利も改善しないといった一方向的なものであるとの誤解を生じやすく，現実にそぐわない面があった。

　ICF（International Classification of Functioning, Disability and Health；国際生活機能分類）は，人間の生活機能と障害の分類法として，2001年，WHO総会において採択された。ICFの特徴は，これまでのICHDHがマイナス面を重視する考え方が中心であったのに対して，生活機能というプラス面から

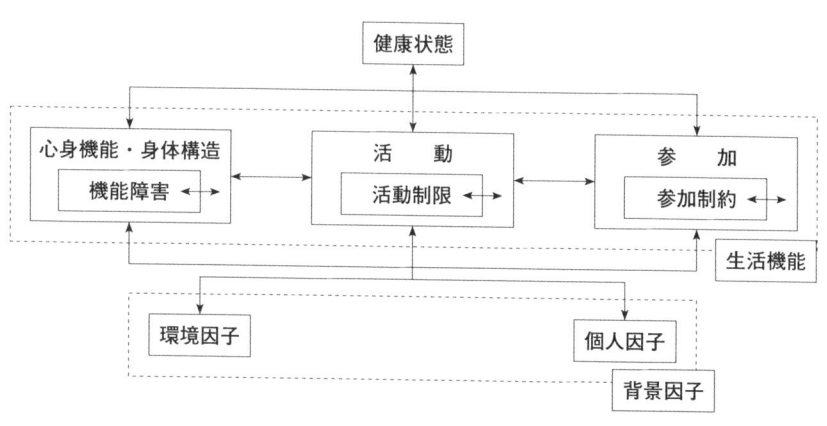

図3-1　ICFの構成要素間の相互作用
出典：厚生労働省社会・援護局「国際生活機能分類―国際障害分類改訂版―」図1
「ICFの構成要素間の相互作用」を参考に作成。

みるように視点を転換し，さらに背景因子として環境因子と個人因子を加えたことである（図3-1）。

　生活機能とは，人間が生活するうえで使用しているすべての機能のことを指す。ある一部分を取り上げて人を理解するのではなく，細やかに人の生活機能とそれらを活用して営まれているその人の生活・人生を捉える視点である。具体的には，ICFの構成要素間の相互作用を観察することで，各要素が網の目のように連結しダイナミックな相互関係が存在するため，1つの要素が変化するとその他の要素も変化する可能性がある。

　ICFの構成要素の心身機能とは，身体系の生理的機能（心理的機能含む）で，わかりやすくいえば，体の働きや精神の働きのことである。身体構造とは，器官・肢体とその構成部分などの身体の解剖学的部分である。これは耳や目，手足など体の一部分の構造のことである。機能障害（構造障害を含む）とは，著しい変異や喪失といった，心身機能または身体構造上の問題である。

　ICFの構成要素の活動とは，課題や行為の個人による遂行のことである。具体的には，生きていくのに役立つさまざまな生活行為のことで，目的をもったひとまとまりの行為である。ADL，家事，仕事，人との交際，趣味，スポーツまで多くの行為を含む。

　そして，活動における，実行状況（している活動）と能力（できる能力）を明確に区分している。活動制限とは，個人が活動を行う時に生じる難しさのことであり，活動していく能力の何らかの制限や欠如を意味する。

　ICFの構成要素の参加とは，生活・人生場面へのかかわりのことである。社会的な出来事への関与や役割を果たすこと，つまり，主婦の役割，仕事の場での役割，家族の一員としての役割，地域社会（町内会や交友関係）の中での役割，その他さまざまな社会参加の中での役割が挙げられる。参加制約とは，個人に生じた不利益であって，その個人にとって正常な役割を果たすことが制限されたり，妨げられたりすることである。

　ICFの背景因子のうち，環境因子とは，人々が生活し，人生を送っている物的・人的・社会的環境であり，具体的には，家族，仲間，就労環境，地域活動，社会的な制度やサービスなど広い意味で捉えることができる。また，

個人因子とは，個人の人生や生活の特別な背景をいう。つまり，性や年齢，ライフスタイル，興味，価値観といったものが挙げられる。

　本来の介護とは，その人のマイナス面を埋めるだけのためにあるのではなく，可能性を引き出し現実化することが大きな使命である。

　いかに利用者の意欲を引き出し，「可能なこと」を「できること」にするか，また「できること」を「していること」にするか，ここが介護職者に求められる役割であり，介護の原則である。

　ICFの考え方を理解することで，「心身機能」の回復がなくても「活動」に直接働きかけることで心身機能を向上させることができる。それによって「参加」も大きく向上させることができる。　　　　　　　　　　（真辺一範）

**参考・引用文献**

(1) 青山幸広『ひとり浴改革完全マニュアル　施設のお風呂を変える　プロジェクト・湯』関西看護出版，2006年，34-35頁。
(2) 介護サービス従事者の研修体系のあり方に関する研究会（委員長：堀田力氏・さわやか福祉財団理事長）「介護サービス従事者の研修体系のあり方について～キャリア開発支援システムの研修カリキュラムについて」第二次中間まとめ（平成17年9月）本文17頁。
(3) 竹内孝仁『個別ケアの理論と実践―実践おむつアンダー30―』全国老人福祉施設協議会，2006年，12頁。
(4) 認知症介護研究・研修東京センター他『認知症の人のためのケアマネジメント　センター方式の使い方・活かし方』中央法規出版，2005年，22頁。
(5) 竹内孝仁『老健・特養からの在宅復帰をすすめる本』年友企画，2006年。
(6) 世界保健機関（WHO）『ICF国際生活機能分類―国際障害分類改定版―』中央法規出版，2002年。
(7) 厚生労働省大臣官房統計情報部『生活機能分類の活用に向けて―ICF（国際生活機能分類）：活動と参加の基準（暫定案）―』厚生統計協会，2007年。
(8) 大川弥生『介護保険サービスとリハビリテーション　ICFに立った自立支援の理念と技法』中央法規出版，2004年。
(9) 小笠原祐次他『介護老人福祉施設の生活援助　利用者本位の「アセスメント」「ケアプラン」「サービス評価」』ミネルヴァ書房，2002年。

⑽　中島有希『こうすれば施設ケアが変わる―エデン・オルタナティブの挑戦―』筒井書房，2003年。
⑾　辻哲夫他『ユニットケアのすすめ』筒井書房，2000年。
⑿　上野千鶴子他「ケアという思想」『ケアその思想と実践1』岩波書店，2008年。
⒀　上野千鶴子他「ケアすること」『ケアその思想と実践2』岩波書店，2008年。
⒁　S.スマイルズ『自助論』三笠書房，2003年。

# 第4節 介護施設の概要と入所者の特徴

　本節では，介護施設の種類とそれらの施設の運営にあたり，その根拠となる法について述べる。根拠法としては，主に老人福祉法，介護保険法，障害者自立支援法である。根拠法を学ぶことにより，各施設入所者の特徴と施設で行われるサービスの概要について理解することができる。

　本節は，各施設の特徴をふまえたうえで，実習での留意点について学ぶことができるように構成されている。

## 1　介護施設とは

　介護施設は，利用者の生活ニーズにあった介護サービスを提供することを目的としている。そのために数多くの種類の施設があり，それぞれの介護サービスが提供されている。

　介護施設とは大まかに，高齢者が利用する施設と障害者が利用する施設に分けられる。

　また，利用者が日々の生活を送る場所としての入所サービスを提供する施設と，住み慣れた自宅での暮らしを続けることを支える居宅サービスを提供する施設に分けられる。

　そこで，介護実習を始める前に実習先となる施設の種類，概要，根拠となる法律，利用者の特徴など実習施設の留意点を整理しておきたい。

　このことは，これからの実習を有意義なものとし，学習効果を高めるためには必要なことである。

## 2　介護施設とその概要

### (1)　特別養護老人ホーム（介護老人福祉施設）

#### ①　施設の概要と根拠法

　特別養護老人ホームとは，老人福祉法を根拠法とし，65歳以上の者であって身体上または精神上著しい障害があるために常時の介護を必要とし，かつ居宅においてこれを受けることが困難な高齢者が利用する入所施設である。

　また，介護保険制度に基づく介護保険施設の一つである介護老人福祉施設でもある。この場合は介護保険法を根拠法とし，要介護認定で「要介護」と判定された高齢者が入所し利用することができる。

　利用者の大半は介護保険制度を利用しているが，高齢者への虐待や，何らかの事情により介護者が介護ができない状態が発生した場合においては，老人福祉法を根拠法とし市町村による措置に基づき入所利用が行われている。

#### ②　利用者の特徴とサービス内容

　特別養護老人ホームの利用者の特徴としては，身体上または精神上著しい障害があるために常時の介護を必要とし，居宅においてこれを受けることが困難な高齢者である。

　そのため，サービス内容としては，施設サービス計画に基づき24時間365日を通して，介護の専門職による介護サービスが提供され，日常生活における身の回りの介護を行う生活施設である。

　利用者にとって，施設は生活の場である。利用者の中には，ある意味での「終の棲家」の役割を担っている場合もあることを理解しておきたい。

#### ③　実習での留意点

　他の施設と比べ特別養護老人ホームは，利用者の介護度が高いため全職員に占める介護職員の比率も高い。

　入所者の定員は30名以上であり，多くの利用者を多人数の介護者や看護者でケアを提供せざるを得ないのが現状である。そこで，利用者の個々の

第1章　介護の概要

ニーズや能力を見極めた個別介護を心がけることに介護者は注意を払わなければならない。

近年では，全室個室で10室程度を1ユニットとし，共有の台所，食堂，居間などを設置したユニット型の構造で，少人数による家庭的，かつ個別ケアを目指した施設が多く整備されてきている。

## (2) 介護老人保健施設

### ① 施設の概要と根拠法

介護老人保健施設は，老人保健法改正により病院と在宅の中間施設として位置付けられ創設された老人保健施設が，介護保険法の成立により介護保険法を根拠法とした介護老人保健施設となった。

したがって，介護老人保健施設とは，介護保険法に基づく要介護認定で「要介護」と判定された65歳以上の高齢者が利用する入所施設である。

この施設は，利用者の在宅復帰に向けたリハビリテーションを目的とした施設であるため，病院としての機能を持つ医療機関と社会福祉施設の機能を併せ持っている。

そのために，他の介護施設とは違って介護ケア以外に，常勤の医師やリハビリテーションの専門家である理学療法士（Physical Therapist：PT）や作業療法士（Occupational Therapist：OT），言語療法士（Speech Therapist：ST）による医療ケアやリハビリテーションの訓練が行われる。

### ② 利用者の特徴とサービス内容

介護老人保健施設の利用者の特徴は，医療的ケアの必要性が高いこと，最終目的を在宅での生活に置いていることが大きな特徴である。

しかし，利用者は在宅復帰よりも，特別養護老人ホームへの入所待機者のほうが多いという現状であることも否定できない。

介護サービスの内容として，入浴，排泄，食事などの介護の他に，リハビリテーションや医療を通した機能訓練，健康管理，また相談援助なども行われている。可能な限り，居宅における生活への復帰を目指している。

35

### ③ 実習での留意点

先にもふれたように，この施設は医療機関である病院と介護施設との中間施設として位置付けられている。そのために，医療や福祉の専門職が常駐してケアにあたっている。

そこで，利用者への介護を行うにあたっては，医療や福祉のさまざまな職種でそれぞれの専門領域の垣根(かきね)を越えた連携が必要となる。

利用者へのより良いケアを実践するためには，介護福祉士としては医療など他の専門職との連携と協働が必要不可欠であることを理解しておきたい。

## (3) 養護老人ホーム

### ① 施設の概要と根拠法

養護老人ホームとは，老人福祉法を根拠法とし，65歳以上の高齢者であって環境上の理由，及び経済的理由により居宅において養護を受けることが困難な利用者を入所させ養護するとともに，その他の援助を行うことを目的とした高齢者の入所施設である。

入所に関しては，介護保険を利用するのではなく市町村の措置による入所利用が行われている。

### ② 利用者の特徴とサービス内容

養護老人ホームの利用者の特徴としては，必ずしも介護が必要とは限らず，身辺面での自立はしているが家族との関係が悪いために同居できない高齢者や低所得など経済的な原因で居宅での生活に困難のある高齢者である。

サービス内容としては，利用者が有する能力に応じた自立した日常の生活を営むことを目的とし，心身の状態に応じた社会復帰の促進及び自立のために必要な指導及び訓練その他の援助を適切に行うことが求められている。

### ③ 実習での留意点

利用者の入所背景は，他の高齢者の入所施設の利用者と違い，介護の必要性よりも社会生活に支障をきたした高齢者である。

その背景には，貧困，家庭崩壊，アルコール依存などの複雑な問題を抱え持っている高齢者が少なくないことを理解しておきたい。

第1章　介護の概要

## (4) 軽費老人ホーム（ケアハウス）

### ① 施設の概要と根拠法

軽費老人ホームとは，老人福祉法を根拠法とし，60歳以上，または夫婦のどちらかが60歳以上の高齢者が低料金で利用できる老人ホームである。

軽費老人ホームは，食事の提供や日常生活上必要なサービスを提供する「A型」。自炊が原則の「B型」。生活相談，入浴サービス，食事サービスの提供と車椅子での生活に配慮した居住構造を持つ「ケアハウス（C型）」に分けられる。

ここでは介護実習先として，最も多いケアハウスについて説明する。

### ② 利用者の特徴とサービス内容

ケアハウスの利用者の特徴としては，60歳以上で日常生活動作は自立しているが，自炊ができない程度の身体機能面に軽度の介護があるため，独立した生活に不安を抱いている高齢者が多い。

サービス内容としては，生活相談，入浴サービス，食事サービス，緊急時の対応などが求められる。また，介護保険制度の訪問介護などの居宅介護サービスを利用しながらケアハウスで自立生活を送っている利用者も少なくない。

### ③ 実習での留意点

利用者の多くが自宅での自立生活に不安を抱いて，生活拠点を自宅からケアハウスに求めてきている。それは，あくまでも自分らしい生き方を維持しながら，老後の生活を有意義に送りたいと望んでいる利用者の価値観である。

そのためにも，介護者は常に利用者の主体性を尊重した支援や介護を心がけておかなければならない。

## (5) 訪問介護事業所（ホームヘルプサービス）

### ① 施設の概要と根拠法

訪問介護とは，高齢や障害などで日常の生活に支障をきたすようになった高齢者に対して，介護福祉士や訪問介護員（ホームヘルパー）が自宅などを

訪問して介護サービスを行うことである。このような介護サービスを提供する事業所を訪問介護事業所という。

このサービスの根拠法としては，介護保険法と障害者自立支援法がある。介護保険法を根拠法とする場合は，介護保険法に基づく要介護認定で「要介護」と判定された65歳以上の高齢者が利用する。また，「要支援」の認定を受けている高齢者は「介護予防訪問サービス」での利用となる。

次に，障害者自立支援法を根拠法とする場合の利用は，身体障害者，知的障害者，精神障害者，障害児が対象である。また，18歳以上の重度の肢体不自由の障害者を対象とした「重度訪問介護」がある。

② 利用者の特徴とサービス内容

訪問介護サービスの利用者の特徴としては，介護が必要な状態となっても従来の生活を維持することを望む高齢者や障害者であり，介護サービスを利用しながらも自宅での生活を望んでいる。

サービスの内容としては，訪問介護計画（ケアプラン）に沿って介護福祉士や訪問介護員（ホームヘルパー）が居宅を訪問し食事・入浴・排泄などの介助をする「身体介護」，掃除・洗濯・買い物・調理などの「生活援助」，病院への通院のための乗車または降車の介助の「通院等乗降介助」の3つのサービスで利用者の日常生活全般の支援が行われている。

③ 実習での留意点

訪問介護は家事代行ではない。あくまでも自立支援を目的としたサービスである。そこには利用者の残存能力や社会資源＊などを見極めた介護サービスを展開しなければならない。

訪問介護の実習では，実習の場所が利用者の自宅である。利用者からすれば，他人である実習生が自宅を訪問し介護を受けなければならないというストレスもある。そのため，利用者の生活の習慣や嗜好などに充分配慮することは当然である。

---

＊ 社会資源：社会の多種多様なニーズに対して，その課題を解決したり，目標を達成したりするための物的（施設や機関など），人的（知識や技術を備えたマンパワーなど）資源の総称である。

さらに，実習生は利用者宅で知りえた些細（ささい）なことでも守秘（しゅひ）義務を厳守することを，特に自覚しておかなければならない。

## (6) 通所介護事業所（デイサービス）

### ① 施設の概要と根拠法

通所介護とは，介護保険法を根拠法とし，要介護認定で「要介護」と判定された65歳以上の高齢者が，自宅から通所介護事業所に通い日帰りで介護サービスを利用する。一般にデイサービスと言われている。また，「要支援」の認定を受けている高齢者は「介護予防通所介護」の利用となる。

また，難病やがん末期などの医療依存度の高い重度要介護者が利用できる「療養通所介護」もある。

### ② 利用者の特徴とデイサービス

通所介護の利用者は，介護が必要な状態でありながらも家族などから介護を受けて自宅での生活を送っている。

デイサービスの内容としては，送迎車による事業所への送り迎え，健康チェック，趣味や生きがい活動，レクリエーション活動，特殊浴槽などを用いた入浴サービス，食事サービスなどがある。

### ③ 実習での留意点

利用者の生活の主体は自宅である。そのため，利用者の家族とのコミュニケーションが大切である。日頃から家族との連絡を取り合うことは，特にデイサービスには必要なことである。

## (7) 認知症対応型共同生活介護（グループホーム）

### ① 施設の概要と根拠法

認知症対応型共同生活介護とは，介護保険法を根拠法とし，要介護認定で「要介護」と判定された認知症のある高齢者に，施設において共同生活を行いながら入浴，排泄，食事などの介護，及び日常生活上の世話や機能訓練を行う地域密着型サービスである。

認知症高齢者を対象として，10人程度の小規模で家庭的な雰囲気の中で介

護サービスが提供されている。

### ② 利用者の特徴とサービス内容

認知症対応型共同生活介護の利用者は，要介護状態にある認知症を持つ高齢者である。

サービスの内容としては，利用者と介護職員が共同で食事を作ったり，園芸活動などの軽作業を行うなど，できる限り従来の生活様式を持続することで認知症を持っている高齢者が安心した生活を持続できるように介護サービスが展開されている。

### ③ 実習での留意点

認知症とは，脳の器質的疾患(しっかん)のために生じた後天性の回復不可能な知能の欠損状態で，一度獲得された知能が持続的に低下したり失われることをいう。認知症の症状やその介護方法について事前に学習しておくことが望まれる。

## (8) 小規模多機能居宅(きょたく)介護

### ① 施設の概要と根拠法

小規模多機能居宅介護とは，介護保険法を根拠法とする地域密着型サービスの一つである。住み慣れた自宅で暮らしている高齢者が施設に登録し，「通い」「訪問」「泊まり」を組み合わせた地域密着型の介護サービスを利用する。

また，小規模多機能居宅介護の登録者は，訪問看護，福祉用具貸与以外の他の介護サービスは利用できない。

### ② 利用者の特徴とサービス内容

小規模多機能居宅介護の対象は，介護保険の「要介護(ようかいご)」「要支援」の認定を受けた高齢者であり，多くは認知症高齢者であるが認知症の有無を問わず利用は可能である。

今までの人間関係や生活環境をできるだけ維持できるよう「通い」を中心に「訪問」「泊まり」の3つのサービス形態が一体となり，24時間切れ間なくサービスが提供されている。

第1章　介護の概要

③　実習での留意点

利用者は，住み慣れた地域の中で家庭的な雰囲気のもと，顔なじみの介護者による「通い」「訪問」「泊まり」のサービスを柔軟に組み合わせることで，地域に根ざした小規模施設の意義を理解したい。

### (9)　障害者支援施設

①　施設の概要と根拠法

障害者自立支援施設とは，障害者自立支援法を根拠法とし障害者に施設入所支援を行うとともに，施設入所支援以外の施設障害者福祉サービスを行う施設である。

②　利用者の特徴とサービス内容

障害者支援施設は障害者が利用する施設であり，利用者の特徴としては，身体障害，知的障害，精神障害のそれぞれの障害を持った障害者である。

サービス内容は，その施設に入所する利用者に対して主として夜間において日常生活の支援を行う（施設入所支援）とともに，施設入所支援以外の施設障害福祉サービス（生活介護，自立訓練，就労移行支援）が行われている。

③　実習での留意点

身体障害者には，肢体不自由，視覚障害，言語聴覚障害，心臓機能障害や肺機能障害等の内部障害*などがある。障害の種類や特徴も違っている。他にも，知的障害者や精神障害者も利用している。

そのために，さまざまな障害に対しての介護方法や支援の仕方を事前に学習し，個々の障害の特性にあった介護や支援を心がけたい。

### (10)　重症心身障害児施設

①　施設の概要と根拠法

重症心身障害者とは，重度の知的障害と重度の肢体(したい)不自由が重複し，その症状が18歳未満で発症した障害者のことである。この重症心身障害という

---

\*　内部障害：内臓機能の障害である。心臓・腎臓・呼吸器・膀胱・直腸・小腸の機能障害や免疫機能障害などの総称である。糖尿病なども含まれる。

言葉は、医学的用語ではなく行政的用語である。

重症心身障害児施設とは、児童福祉法を根拠法とする児童福祉施設の一つで、重症心身障害児を入所させて保護するとともに、治療及び日常生活の指導を目的とする施設である。また、重症心身障害児施設は医療法に基づく病院としての機能と児童福祉法に基づく児童福祉施設としての機能を併せ持つ施設である。

児童福祉施設であるが入所者の年齢制限はなく、18歳以上であっても入所できることになっている。

### ② 利用者の特徴とサービス内容

重症心身障害児施設の利用者の特徴としては、重度の知的障害と重度の肢体不自由が重複した最重度の障害を持った利用者である。そのため、身体的な健康状態が安定していないことが多く、常に医療や看護のケアを受けながら生活を行っている。また、利用者は日常生活全般に常時介助を必要としている。しかし、たとえ障害が重くても人間としての権利や発達に対する要求はあり得ることを忘れてはならない。

重症心身障害者は、障害が重く社会復帰などは極めて困難であることから、受け入れる施設が少ない。重症心身障害児施設は、児童施設であるが入所者の年齢制限がないことから、入所者の高齢化が深刻な問題となっている。

サービス内容としては、医療的なケアを必要とするが、それと併せて利用者のQOLが保障される介護サービスが大切でもある。

### ③ 実習での留意点

言葉によるコミュニケーションが取り難い利用者も少なくないため、介護者は利用者の些細な表情なども見逃さないように注意を払って、意思を汲み取れるように努めなければならない。

重症心身障害児施設の利用者には、年齢よりも若く感じられることが少なくないが、利用者への人権的配慮は充分に心がけて接してほしい。

## (11) 救護施設

### ① 施設の概要と根拠法

救護施設とは、生活保護法を根拠法とする保護施設である。身体上、または精神上著しい障害があるため、独立して日常生活を営むことが困難な生活保護の受給者を保護し、生活の援助を行う施設である。

入所施設であるが、通所で利用することが認められている利用者もある。

### ② 利用者の特徴とサービス内容

救護施設の利用者は、障害を持っている生活保護の受給者が利用している。障害の種類としては、精神障害が最も多く、次に知的障害、身体障害の順である。

そのために提供されるサービスは、生活指導や職業訓練から総合的な治療や介護まで、サービス内容は広範囲である。

### ③ 実習での留意点

利用者の大半が精神障害を持っており、精神科の医療機関の受診をしている利用者が多いため、精神障害に対する知識が必要である。

現在の救護施設は、障害者に加えてホームレスやアルコール依存症、配偶者からの暴力を受けていたなど、さまざまな利用者を受け入れている。他の福祉サービスでは対応できない人々のための受け皿的な役割を担っているのが救護施設の現状であり、その社会的意義は大きいと考えられる。

（土田耕司・星野政明）

### 参考文献

(1) 「シリーズ・21世紀の社会福祉」編集委員会編『社会福祉基本用語集（7訂版）』ミネルヴァ書房、2009年。
(2) 住居広士他編集『介護福祉用語辞典』ミネルヴァ書房、2009年。

# 第2章
# 介護実習前の基礎知識

第1節●介護実習の意義と目的
第2節●介護の姿勢
第3節●コミュニケーションの基本
第4節●コミュニケーションの実際

## 第 1 節

# 介護実習の意義と目的

平成 21 年に「社会福祉士及び介護福祉士養成課程における教育内容等の見直し」が行われ，現在社会のニーズに的確に対応できる介護職者の育成が期待されている。そのような状況のもと，介護教育の一環としての介護実習は介護職としての理念，知識及び技術を統合して習得する重要な教育の場である。

本節では，介護実習の実際についてイメージすることができ，さらに介護実習の意義と目的が理解できるように述べられている。

## 1　介護教育の背景

現在，わが国においては 2025 年には 75 歳以上の後期高齢者が 2000 万人を超えることが見込まれており，急速に高齢化が進み始めている。

このような中，認知症へのケアや重度の医療介入を要するケアが増加するとともに，国民の福祉・介護ニーズはより多様化・高度化の状況にある。したがって，これらのニーズに的確に対応できる質の高い介護ができる人材が求められている。

このような状況をふまえ，平成 21 年には厚生労働省が社会福祉士及び介護福祉士養成課程における教育内容等の見直しを行った。

見直しの観点は，①介護の実践の基盤となる教養や倫理的態度の涵養に資する「人間と社会」，②「尊厳の保持」「自立支援」の考え方をふまえ，生活を支えるための「介護」，③多職種協働や適切な介護の提供に必要な根拠としての「こころとからだのしくみ」の 3 領域にわたる。

このことから，介護を必要とする幅広い利用者に対する基本的な介護を提供できる能力の修得を目指すこと，利用者個々の生活状況に応じた自立支援

に資する介護や多職種連携など，医療・介護ニーズに質の高い対応ができるよう介護実習での学習が求められる。

さらに，認知症等の複雑で専門的な対応を必要とするニーズも多々あり，介護教育は専門職として高齢社会における重要な地位を占めてきている。

## 2　介護実習の意義

　介護福祉士の養成教育の中では，多くの時間をかけて臨床実習が行われている。介護福祉教育において介護実習は，介護福祉専門職に求められる理念（価値），知識，技術を総じて専門的能力として修得するために，カリキュラム上重要な位置を占めている。

　また，介護福祉は実践の学問であり，一人の人間の生活を総合的に捉えて援助を展開するという，きわめて個別的で創造的な実践活動が必要とされる。介護福祉は，介護を必要とする人が今までの人生の続きとして，最も人間らしく自分が満足できる生活を送れるよう援助する過程において，障害や問題を明らかにし，さまざまな影響要因を読み解きながら解決方法を工夫し改善していく実践の学問である。

　この実習を通して利用者及び家族との介護関係，施設職員や周辺の人々との関係を実際に経験しながら，介護福祉観を構築し専門職業人としての意識を培っていく。

　さらには，介護実習での経験について福祉の観点に立って振り返ることで，「人間とはいかなるものか」「社会で幸せに生きるとはどういうことか」などの福祉哲学への考察の機会となる。このことは，介護者としての人間性の基盤をつくるきっかけともなり，学生自身の自己成長につながり，介護実習において実際に経験しなければ体得し得ないものである。

　高等教育としての実習は，その実習過程において探求・調査の域にとどまらず，より広義で包括的な専門的能力の啓発が望まれる。この実習過程においては，学内で学んだ既存の知識や技術を統合し，利用者の日常生活に焦点をあて，その人の自立支援と自己実現を具現化するための実践者の育成を目

指すものである。さらには，医療・保健・福祉専門職と共同・連携しながら，問題や障害に対する根拠ある問題解決の方策を実践できる問題解決能力を養うものである。

このことは，介護実習において，一般社会における介護の位置づけを再吟味することも含み，それを業として身につける専門職として再評価することで，客観的な自己評価とともに介護専門職の社会的な価値付けを行う機会という重要な意義を持つ。

## 3　介護実習の目的と実際

平成21年度に厚生労働省から提示された「社会福祉士及び介護福祉士養成課程におけるの教育内容等の見直し」から導き出された介護実習の目的は，「①様々な生活の場における個々の生活リズムや個性を理解した上で，個別ケアを理解し，利用者・家族とのコミュニケーションの実践，介護技術の確認，多職種協働や関係機関との連携を通じたチームの一員としての介護福祉士の役割について理解する学習とすること，②利用者の課題を明確にするための利用者ごとの介護計画の作成，実施後の評価やこれを踏まえた計画の修正といった介護過程を展開し，他科目で学習した知識や技術を総合して，具体的な介護サービスの提供の基本となる実践力を習得する学習とすること」とされている。

介護の専門家として，知識・技術はもとより介護における総合的な実践力を身につけることが求められている。

介護実習の実際は，実習生，実習施設，養成施設の3者が緊密に連携を図りながら実習事前指導，実習中指導，実習事後指導により進められる。

実習事前指導では，実習目的の理解，実習施設の概要，個々の実習生に合った自己目標とそれに対応した実習計画の作成，介護に求められる役割や資質について学習を行う。円滑に効果的な実習を行うためには，実習事前指導において具体的な行動計画を描きながらどのような介護を目指すのか目標を定め，目標を遂行するために介護の知識，技術を研鑽することが重要である。

また実習前に,実習施設のオリエンテーション*や,実際に利用者とコミュニケーションをとることは,施設スタッフのチームの一員として安全管理や質の高いケアに対する考えを深めることにもつながる。

　実習中指導は,日々の実践を振り返る実習反省会や,実習中に生じた疑問や課題を学内で指導を受けながら取り組む。実習反省会等は,実習生と実習施設職員とのディスカッションを通じ,担当する利用者のケアプランや今後の方針について共に検討できる機会でもある。

　また,多職種の実習施設職員が反省会等に加わることによって,多職種協働の観点や広い視野で介護の役割を考察する機会となり,実習施設におけるチームの一員としての自覚を深めることもできる。

　学内においては,学生相互で実習での体験を振り返り,捉えた現象について介護の視点から意味づけをしたり,互いにアドバイスをしたりすることで問題解決能力を養うことにもつながる。実習で体験したことを通じて介護内容を理論的に考察し,より良いケアの根拠を導き出せるようなアセスメント能力を養う機会でもある。このことからも介護において,実習は実践の学問としては大変に重要な機会であると言える。

　実習事後指導では,実習記録,実習全体の総括として事例研究や介護福祉観のまとめなどを通して,実践した介護内容の評価や考察を深め,自己の課題も導き出す。

　これら介護実習の概観を通し,最終的には自分なりの介護福祉観を形成することが重要であり,利用者と直接かかわるのは,観念的にとどまらず自分の身体感覚で学ぶことに大変重要な意義がある。

　　　　　　　　　　　　　　　　　　　　　　　　　　　（奥百合子）

**参考文献**
(1) 厚生労働省「福祉専門職の教育課程等に関する検討会報告書」1999年。
(2) 金井一薫『ケアの原形論』現代社,1998年。
(3) 守本とも子・星野政明編著『介護概論』黎明書房,2006年。

---

＊　オリエンテーション:新しい環境などに人を順応させるための教育指導。

## 第 2 節

# 介護の姿勢

　介護実習の現場では，高齢者の日常生活を営むためのサービスがたゆまなく必要とされており，学生といえども介護スタッフの一員として役割を果たすことが期待されている。したがって，介護実習に臨む姿勢として最も重要なことは，実習開始時点から介護福祉士としてのプロフェッショナリズム＊を念頭に置いて常に行動すべきだということになる。
　本節では，介護の姿勢について，介護実習に臨む学生として必要なポイントを挙げ説明を加える。

## 1　社会人としての基本的姿勢

　学生である前に社会人としての基本的姿勢は，学生が備えておくべき最重要ポイントであり，まず何よりも体調と時間の管理を徹底し，絶対に遅刻や欠席をしないことである。
　常識的には，少なくとも就業開始の20～30分前に到着することが望ましい。もし，急病や災害など不測の事態が生じた場合は，必ず速やかに実習先へ連絡を入れるようにする。
　指導者は，学生の知識や技能レベルをすぐに把握できないため，まず学生の容姿や服装，そして言葉遣いなどの第1印象が評価されることになる。
　これはサービスを提供する高齢者が受ける印象でもあり，一度与えてしまった不快感や嫌悪感は，その後の信頼づくりやコミュニケーションに大きな悪影響をもたらすことにもなるため注意が必要である。

---

＊　プロフェッショナリズム：自分の職業に対するプロ意識のことであり，プロフェッショナルとしての倫理観と態度，そして専門的知識と技能を身につけていることを前提として，その職業が持つ社会的責任を自覚することである。

その日の実習開始前には，必ず頭髪や化粧，そして服装などの身だしなみを整え，明るい笑顔と明朗な態度で挨拶ができるか，ぜひ鏡の前でチェックしてほしい。

ただし，正しい言葉遣いや礼儀正しい態度は，すぐに身につくものではなく，油断すると目上の人に対して礼節を欠き「ため口」が出てしまう学生も多い。そこで，実習開始前にこだわらず，学校の先生や両親などに対しても日常的な挨拶と返事を心がけて習慣化すべきであろう。

## 2　倫理観を養う姿勢

対人サービスでは，職業上知り得た他人の個人情報を絶対漏らしてはいけないという守秘義務のルールがある。

高齢者が親兄弟や親戚でもない介護スタッフに自分の生い立ちや生活状況，そして病気などの個人情報を教えてくれるのは，このルールが前提となっており，これを絶対に守ることが専門職として最低の倫理観である。

この責任の重さは学生に伝わりにくく，軽はずみに友人や家族へ漏らしてしまいやすい。また，実習中のメモ書きやUSBメモリーなどに保存された電子データを失ったり，誰かに見られたりして情報が漏れ，後で大きな問題となることも増えている。個人情報の漏洩は，学生だから仕方がないといって終わる問題ではなく，お世話になった施設や指導者へ多大な迷惑をかけてしまうことにもなりかねない。

実習現場で知り得た情報は，一切他言してはならないし，紙や電子データなどいかなる媒体でも施設外へ絶対に持ち出すことがないように注意してほしい。

介護実習では，個人情報だけでなく，排泄や入浴などの介護場面で他人には見せたくない恥ずかしい陰部や排泄物なども露出してもらうことになる。この際に，不快な顔をして目を逸らそうとしたり，声を出したりしてはいけないのは当然であるが高齢者の羞恥心を理解して，プライバシーを守る配慮ができることも重要である。

例えば，カーテンを閉めたり，露出をできるだけ最小限にしたりといった対応が速やかにできるよう心がけたい。

学生にとって慣れない介護実習は心身ともに疲労し，イライラ感が蓄積(ちくせき)して怒りというマイナスの感情を生じさせてしまうことになり，言葉遣(づか)いが荒くなったり，服の着脱などの援助が乱暴になったりする。これは高齢者への虐(ぎゃくたい)待という最悪の非倫理的行為へとつながりやすい。

このような状況を未然に防ぐためにも，実習に臨むに当たり，介護の意味と利他的行為の尊さを今一度認識したうえで，法を遵(じゅんしゅ)守することの大切さと高齢者の人権を尊重する倫理観を養っておきたい。

## 3　主体的に学ぶ姿勢

介護実習は，介護福祉士となるために必要な技能を身につけることを目的としており，そのためには受動的な態度ではなく，積極的主体的に実習へ取り組む姿勢が必要である。

指導者は，多忙な介護スタッフであり，学生のために費やせる時間はほとんどなく，常に介護の場面に参加し，指導者の仕事を助けながら技能を教わるよう努力すべきである。

介護実習は限られた時間の中で行われるため，学ぶべき技能をすべて経験するためには休む暇などなく，常にかかわることのできる仕事を探し，身体を動かすことが大切である。学生の学びたいという態度は，指導者だけでなく高齢者にも伝わり，介護実習をスムーズに進行させ，より多くの学びを得ることができるであろう。

主体的に学ぶためには，明確な行動目標を意識することが必要である。介護実習の手引きには必ず行動目標が示されており，オリエンテーションにおいても教員から説明を受けているはずである。

しかし，多くの学生は，その行動目標を単なる形式的な事項として意識せず，ただ漫然(まんぜん)と実習へ臨むために消極的な実習となってしまうのである。

明確な行動目標を意識すれば，実習で何を学ぶべきかが自ずと頭に浮かび，

主体的な行動を起こすことができるようになる。また、実習が進行する中で未熟な技術や不足している技術などについて、今日の実習でそれを経験できるように行動しようと自覚することで、より前向きな実習に取り組めるはずである。

## 4　観察力と判断力を磨く姿勢

　介護の場面では、高齢者の全身状態が刻々と変化し、今安定していても次の瞬間突然痙攣(けいれん)が生じたり、嘔吐(おうと)したりといったことが日常茶飯事(さはんじ)に起こる。
　介護実習では、このようなバイタルサイン*の変化をとっさに把握したり、徴候としての仕草(しぐさ)などから変化を予測したりといった観察力とそのような変化に対する的確で迅速(じんそく)な対応が行える判断力が学生にも要求される。
　観察力と判断力を磨くためには、何よりも高齢者の身体的特徴や疾患(しっかん)の理解など基礎的な医学と介護に関する知識を備えていることが必要である。ただし、机上の勉強だけでは不十分であり、学んだ知識と校内における介護演習や介護実習での経験との統合が必要不可欠となる。
　高齢者の介護現場では、全身状態だけでなく、日常生活におけるさまざまな行動の出現と変化が、転倒・転落などの重大な問題や介護サービスの妨げになることも多い。
　例えば、車椅子に座っていた高齢者が目の前を通り過ぎた車椅子を追うように立ち上がり歩き出して転倒したり、排泄を介助(かいじょ)しようとすると介護スタッフに暴力をふるうために清潔を保てなかったりといった問題行動にもよく遭遇(そうぐう)する。特に認知症(にんちしょう)の高齢者では、このような問題行動が頻発(ひんぱつ)して、介護スタッフを困惑させてしまうことになる。このような場合、どうしても高齢者本人の性格や人格、あるいは認知症という病気が原因と考えてしまいやすいが、これらの原因は解決困難なことが多い。

---

\*　バイタルサイン：医療における生体情報、特に生命兆候を意味する。一般的には心拍、呼吸（数）、血圧、体温の4つを指すことが多い。バイタルサインのことをバイタルと呼ぶことがある。

そこで，本人の個人的な問題や病気を原因と決めつけるのではなく，問題行動が起こる場面や状況をよく観察してほしい。具体的には，その問題行動が起こる状況や手がかり，そして起こった後の状況変化や介護スタッフの対応に着目してみる。

　前述した問題行動の事例を検討してみると，前者では，高齢者の目の前を車椅子が通り過ぎることがきっかけとなり，高齢者が立ち上がって歩き出し，転倒するといった事態が起こることになる。一方，後者では，排泄行為が自分でうまく行えないことにイライラが蓄積し，その怒りを介護スタッフに発散して解消していると分析することができる。

　このような観察に基づいて判断すると，前者に対しては，車椅子が目の前を通り過ぎるという状況をなくし，定期的に介護スタッフの監視下で散歩を行うといった対応，後者に対しては，高齢者が排泄を快適にできる方法を検討し，それをトレーニングすることで排泄の自立を促すといった対応が提案されることになる。

　問題行動の原因を客観的に観察可能な環境の中で探求し理解することは，科学的な観察力を培うことになり，それが効果的な問題解決を実行する判断力も磨くことになるのである。

　介護の目的は高齢者の自立生活であり，それを妨げる問題行動に対して科学的な対応によって解決できる介護福祉士を目指して介護実習に臨んでほしい。

（辻下守弘）

第2章　介護実習前の基礎知識

# 第3節
# コミュニケーションの基本

人は一人では生きていけない。つまり，人は人とかかわり合いながら社会の中で生きている。人が人にかかわる，そのためには人が考えていること，思っていること，あるいは感情などを言葉や表情または文字などを使って人に伝える必要があるし，また，相手の思いや感情を受け取る必要がある。コミュニケーションは，送り手と受け手の双方が理解し合うために重要な伝達手段であり，人が生活をしていくうえでは不可欠なものである。

本節では，コミュニケーションの意義と実際を学び，望ましいコミュニケーションのあり方についての理解を深める。

## 1　コミュニケーションとは

コミュニケーションとは，思っていること，考えていること，気持ち（例えば喜怒哀楽や快・不快などの感情も含めて）などを伝達，または受け取ることをいう。

その方法としては言葉，文字，身振り・手振り，あるいはアイコンタクトといったことも含まれる。コミュニケーションの本質は，これらのメッセージをお互いが共有し，理解し合うことである。

## 2　コミュニケーションの目的

コミュニケーションを図る目的を大きく分けると，次の2つに分けることができる。

(1) **介護を展開する過程において必要なコミュニケーション**

　介護を展開する際には最初のステップとして情報収集がある。情報収集の内容は，対象者の基本属性＊，生活習慣や，抱えている問題，また，どのようにしてほしいと思っているのか，といった対象者の理解につながるものである。

　また，介護の実施時においては，どのような介護を行うのかといった実施内容や，その目的，理由などの説明，実施前・中・後の対象者の思いや反応などの情報を得るためのものである。

(2) **一般的なコミュニケーション（日常の会話）**

　一般的なコミュニケーションそのものが目的となる。上述のような介護を実施するために必要な手段としてのコミュニケーションではない。しかし，日常会話などにおけるこの種のコミュニケーションは，人間が生活していくうえで，あるいは良好な人間関係の成立のためにも重要である。

　介護は介護する側と介護を受ける側とのかかわりを通して成り立つものである。良好なコミュニケーションは介護者と対象者の信頼関係を構築し，適切な介護を行っていくうえでの重要な要素となる。

## 3　コミュニケーションの分類

① **言語的コミュニケーション**
　バーバルコミュニケーションともいわれる。メッセージを言語（言葉）で伝える。

② **非言語的コミュニケーション**
　ノンバーバルコミュニケーションともいわれる。メッセージを言語（言葉）以外で伝える。例えば，表情，身振り，手振り，アイコンタクト＊＊，スキン

---

＊　基本属性：年齢，性別，家族構成，教育歴（れき），所得，住居状況など，対象者を説明するための基本的な事項。

# 黎明書房

〒460-0002
名古屋市中区丸の内3-6-27 EBSビル
TEL.052-962-3045  FAX.052-951-8886
E-mail:info@reimei-shobo.com
東京連絡所／TEL.03-3268-3470
■価格は税［5％］込みで表示されています。
■ホームページでは，書籍のカラー画像や目次など，小社刊行物の詳細な情報を提供しております。「総合目録2012版」ダウンロードできます。

## REIMEI SHOBO
### 新刊・近刊案内
**2012.2月　NO.149**

# http://www.reimei-shobo.com/

## ▌2月の新刊

シリーズ・シニアが笑顔で楽しむ⑦
### すき間体操で毎日健康＋介護者の基礎知識
グループこんぺいと／編著　A5判　93頁　定価1680円　2／上刊
台所やお風呂，布団の上などの，ちょっとしたすき間時間を使った運動で，健康増進！

### 思考力を豊かにし記憶力を鍛える小学校の教科別ノート指導法(仮)
蔵満逸司／著　B5判　92頁　予価1890円　2／下刊
国語・社会・算数等の各学年のノートの書き方，使い方，ノートなど文具の選び方を紹介。

教師のための携帯ブックス⑩
### めっちゃ楽しく学べる算数のネタ73(仮)
中村健一／編著　B6判　94頁　予価1365円　2／下刊
日本一のお笑い教師が算数のネタを大公開！　子どもがダレてきた時などに使える，楽しい算数のネタを低・中・高学年に分けて紹介。

## ▌読者のおたより

子どもが楽しんで算数の考え方にアクセスできているようです。（男性）『**コピーして使える楽しい算数クイズ＆パズル＆ゲーム（中学年）**』定価1575円

## ▌自費出版お引き受けします　「自費出版」原稿募集のお知らせ

　黎明書房の60余年にわたる出版活動の経験を生かし，自費出版のお手伝いをいたします。出版をご希望の方は，小社「自費出版係」まで，詳細をお問い合わせください。Tel. 052-962-3045　E-mail: info@reimei-shobo.com　詩集／句集／歌集／自分史／論文集／小説／随筆集／その他（小社の方針に添わない場合は，出版をお引受けできない場合があります。）

ホームページではより詳細な情報をご覧いただけます。

▼ 2011 **11・12月**・2012 **1月の新刊**

小社の刊行書は、最寄りの書店にて
直接小社にご注文の場合は代金引換
但し図書代金が1500円未満の場合は

## 学級担任に絶対必要な「フォロー」の技術

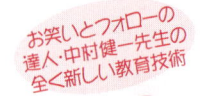

お笑いとフォローの
達人・中村健一先生の
全く新しい教育技術

忽ち
重版

**中村健一/編著**
四六判　155頁　定価1680円　ISBN978-4-654-01868-0

発問や指示だけでは動けない今どきの子どもを的確に動かす
「フォロー」の技術を公開。教室でトラブルを起こす子にも効果的。

---

## 子どもの考えを引き出す〈シリーズ・教育の達人に学ぶ③〉
## 山本昌猷の算数の授業の作り方

**山本昌猷/著**
Ａ５判　150頁　定価1995円　ISBN978-4-654-00273-3

算数の授業がうまくなるための疑問にどんどん答える、算数指導
の達人になれる本。なかなか聞けない算数指導の技を満載。

---

## 誰でもうまくいく！
## 普段の楽しい社会科授業のつくり方

『教師のための時間術』
の著者、待望の新刊！

**長瀬拓也/著**
四六判　152頁　定価1680円　ISBN978-4-654-01867-3

人気のない社会科がたちまち人気科目に！　限られた時間の中で、
楽しく面白い社会科の授業を作り上げていく技法と考え方を紹介。

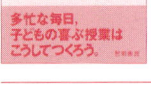

---

## 特別支援教育における
## 教師のとっさの応答力を磨く

**太田正己/著**
Ａ５判　141頁　定価2100円　ISBN978-4-654-01866-6

様々な教育的ニーズを持つ子ども一人ひとりに、臨機応変に対応
できる「とっさの応答力」を身につけるためのポイントを紹介。

お求めいただけます。書店にない場合は，その書店にお申込みください。
…になります。図書代金(本体価格＋消費税)と送料(200円)が図書受取時にかかりますのでご了承願います。
…は送料が500円必要となります。図書代金が2500円以上の場合は，小社で送料を負担します。

## 学級担任が進める
## 通常学級の特別支援教育

ヒット作『仕事の成果を何倍にも高める教師のノート術』の著者による信頼の指導法！

大前暁政 著
四六判　181頁　定価1785円　ISBN978-4-654-01869-7

目の前の特別支援を必要とする子どもにどう対応するか。めざましい成果をあげた実際の対応と理論を紹介。担任教師，待望の書！

## 特装版
## 特別支援教育に役立つ手づくり教材・教具集
－パネルシアターのイラスト見本付き

太田正己 監修　石川県立明和養護学校 著
Ｂ５判・上製　120頁　定価3885円　ISBN978-4-654-01056-1

2010年刊行の同名書籍にイラスト見本８枚(27点)を付けた上製特装版。子どもたち一人ひとりのニーズに応じたオリジナルの教材・教具を紹介。

## ３・４・５歳児の
## 子どもが落ち着く魔法の運動あそび28

〈黎明ポケットシリーズ⑤〉

斎藤道雄 著

現場待望の書！

Ｂ６判　92頁・　定価1365円　ISBN978-4-654-00255-9

子どもを落ち着かせ，子どもの集中力を高める楽しい運動あそびや指導のテクニックを紹介。幼稚園・保育園の先生方必読！

## 先生の言葉かけで進める
## ３・４・５歳児の室内・室外ゲーム70

〈幼児のゲーム＆あそび⑤〉

日本創作ゲーム協会 編著
Ａ５判　148頁　定価1785円　ISBN978-4-654-05925-6

体を思いっきり動かして楽しめるゲーム70種を紹介。ゲームの説明や進め方は，子ども達への言葉かけの形になっています。

2011年11・12月・2012年1月の新刊　　　新刊・近刊案内は年4回発行です。

## ユーモラス＆ミステリアスシリーズ〈全5巻〉

**全5巻完結**　名取三喜/著　四六判

### ⑤子どもの喜ぶ日本のおばけ話Ⅲ
－ついてくる幽霊他

87頁　定価1365円　ISBN978-4-654-00265-8

幽霊になった娘のしたことは？　老ばの歌声に心を打たれたお坊さんの運命は？等，古くから伝わるとっておきの日本のおばけ話5話。

①子どもの喜ぶ彦一・一休とんち話・ふしぎ話　　定価1575円
②子どもの喜ぶ狸話・狐話・ふしぎ話　　　　　　定価1575円
③子どもの喜ぶ日本のおばけ話Ⅰ　カッパにもらった薬他
　　　　　　　　　　　　　　　　　　　　　　　定価1365円
④子どもの喜ぶ日本のおばけ話Ⅱ　白羽の矢他　　定価1470円

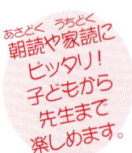

あさどく　ようどく　朝読や家読にピッタリ！子どもから先生まで楽しめます。

### おじいちゃん・おばあちゃん・パパ・ママ・子ども みんな笑顔で楽しく遊ぼう！

家族の絆を深める遊びのバイブル

三宅邦夫・山崎治美/著　B6判　77頁　定価882円
ISBN978-4-654-06534-9　「愛コンタクト遊び」「子どもの成長が嬉しくなる遊び」など，家族みんなで楽しく遊べる遊びがいっぱい。

### 〈シニアも介護者も使える機能を守る遊び③〉
### 昔遊びレクで頭と体を機能UP！＋介護者の基礎知識

グループこんぺいと/編著　A5判　93頁　定価1680円
ISBN978-4-654-00293-1　おてだまや紙ずもう，かぞえ歌，切り絵などシニアの健康維持・増進にもってこいの昔遊びレクを32種紹介。

### シニアもスタッフも幸せになれる ハッピーレクリエーション
〈シリーズ・シニアが笑顔で楽しむ⑥〉

斎藤道雄/著　A5判　93頁　定価1680円　ISBN978-4-654-05696-5
レクリエーションを通して，支援される側だけでなく，支援する側も一緒に幸せになれる28のハッピーレクリエーションを紹介。

シップ，筆談，文字盤などである。

## 4　コミュニケーション成功のための要素

　高齢者とのコミュニケーションは，高齢者の認知障害の有無にかかわらず，コミュニケーションを成功させるいくつかのキーがある。
　以下の要素を考慮してコミュニケーションに臨むことが必要である。

### (1)　環境：コミュニケーションが行われる場所

① 静かな環境でお互いの声が聞こえるか
② プライバシーが守れるか
③ 気を散らすものはないか
④ ゆったりとできる快適な環境（部屋の広さ，室内温度，湿度など）か
⑤ 高齢者と介護者の座る場所が準備されているか

　介護者も椅子を準備し，対象者との目線が同じ高さになるよう留意する。コミュニケーションには両者がくつろげる環境が必要である。これらのことを考慮し必要に応じて適切な対応を行う。

### (2)　対象者：対象者の現状

① コミュニケーションに支障をきたす聴覚障害や視覚障害はないか
② 体調はどうか（疲労，疾患や障害による苦痛など）
③ 身体のどこかに痛みはないか
④ コミュニケーションツールとしての口腔に問題はないか
⑤ 舌や口腔粘膜に痛みはないか
⑥ 義歯はあっているか

　もし，問題があれば，医師に報告し指示にしたがって治療する。何よりも高齢者の体調を優先すべきである。

---

\*\*　アイコンタクト：視線，目線のこと。気持ちや感情を言葉以外で伝えるための重要なコミュニケーションの一つの方法。

(3) 介護者：介護者の気分や態度

① 穏やかで優しい話しぶりか
② 介護者に性急な態度はないか（急いでいる気持ちは言葉以外の振るまいにしばしば現れる）
③ 高齢者に固定観念を持っていないか
④ 性急に判断を下していないか
⑤ 高齢者の言葉に一言一句耳を傾けるよう心がけているか
⑥ 適宜,あいづちやうなずきを行っているか
⑦ 必要な情報を聞き逃していないか

これらの介護者自身の気分や感情,あるいは態度がコミュニケーションに及ぼす影響を認識する必要がある。

(4) その他

① 介護者と高齢者との距離は介護者が手を伸ばすと高齢者の身体に触れることができる距離が望ましい
② 介護者が高齢者に接する時,もし,初対面であれば,介護者は自分の名前と役割や仕事について説明する
③ 高齢者がどのように呼ばれたいかを知っておく
④ アイコンタクトや笑顔を適度に使う
⑤ 急がず,ゆっくり穏やかに接する
⑥ 明瞭に話す
⑦ 適切な箇所で会話文を区切る。長くなりすぎないように注意する
⑧ 話の内容が変わる時は「話は変わりますが……」といった言葉を加える
⑨ あまり速くならず,しかしゆっくり過ぎないように話す
⑩ 医療あるいは介護専門用語は使わない（高齢者が受け取りやすい表現で話す）
⑪ 高齢者のプロフィール（経歴や教養等）の情報を把握し,時にはそれらを配慮して話す

## 5 コミュニケーションの改善に役立つ基本テクニック

① **回答に,「はい」「いいえ」以外に説明を要する質問をする**

「はい」「いいえ」で答えられるような質問は会話が一方的になりやすく,高齢者とのコミュニケーションの深まりが得られにくい。そのことは高齢者への理解の妨げとなるだけでなく,信頼関係も生まれない。

② **高齢者の話す内容を確認しながら話す**

話の区切りが良いところで,高齢者の話す内容を確認することが相互理解につながる。

③ **介護者の話す意味を正しく理解したかを確認する**

④ **高齢者について気づいたことを話す**

例えば「何かご心配なことがおありのようですが」と介護者が感じたことなどを言葉で表現し確認することも必要である。このようなコミュニケーションは,高齢者が「自分に関心を持っていてくれる」と感じ,信頼関係が生まれる第一歩となる。

⑤ **高齢者に自分の不安について話すように促す**

高齢者は多少とも自分の健康状態に不安を抱いていると考えられる。高齢者が言い出しにくいことを誘導することも時には必要な場合がある。

⑥ **高齢者とのコミュニケーションは辛抱強く行う**

高齢者は全く別の時間感覚を持っている。返事が返ってくるまで5秒は待つ。高齢者の時間の感じ方は若者に比べてゆっくりであることを認識しておくことが大切である。

⑦ **高齢者との年齢の相違に留意する**

介護者と高齢者の年齢差が大きいほど,生活体験も異なり,ものの考え方や価値観にも相違があることに留意する。

その他言葉の選び方も生きてきた時代の影響を受ける。若者のはやり言葉などは高齢者には理解しにくいことを知っておく必要がある。

また,多くの場合,高齢者は介護者の人生の先輩であることを自覚し,高

齢者への尊厳を忘れないことが大切である。
### ⑧ 介護者は高齢者との立場を認識する
　介護者は高齢者を介護する立場であり，高齢者は介護を受ける立場である。その関係はややもすると上下関係があるかのように認識されがちである。両者が対等の立場であるという認識が両者ともに必要である。　　（守本幸次）

**参考文献**
(1) 守本とも子・星野政明編著『介護の基本・コミュニケーション技術』黎明書房，2010年。
(2) アンドレア・ストレイト・シュライナー監修，守本とも子・星野政明編『QOLを高める専門看護，介護を考える』上巻，中央法規出版，2005年。
(3) 守本とも子・星野政明編著『介護概論』黎明書房，2006年。

第2章　介護実習前の基礎知識

## 第 4 節
# コミュニケーションの実際

コミュニケーションは，人と人との人間関係を構築するための重要な機能を持っている。良いコミュニケーションを行うためには，相手の気持ちに寄り添う姿勢が最も大切である。

すでに第2章，第3節においてコミュニケーションの基本を学んでいることをふまえ，本節では，コミュニケーションを行う前に準備すべきことと留意点，そしてコミュニケーションの実際について詳しく述べることにより，さらにコミュニケーション技法を深めていく。

## 1　コミュニケーションを行う前の準備

### (1) 自分の気持ちをニュートラルにして相手に向かい合う

コミュニケーションは，2人以上の人間がお互いを理解し合う・情報を知らせる・意見を交換するなどを目的に用いられる技術の一つである。

どの目的であっても相手とかかわることが必要になる。自分に時間的な余裕がない，また気持ちが沈んでいる時などは，相手にその気持ちや不安が伝わってしまうと同時に，相手のメッセージを正確に受け取ることができない。

コミュニケーションを行う時は，まず，相手に向かい合う前に自分の気持ちをニュートラルにしておく必要がある。深呼吸などをして，気持ちを相手に向けることができる準備をすることが望ましい。

特に，医療現場や介護現場で行うコミュニケーションは，相手との関係性を発展させ，相手のニーズを明確化したり，相手とともに問題の解決目標や方法を考えたりすることがほとんどである。したがって，コミュニケーションを行う際には，自分の気持ちが相手に向いているか自問自答し，コミュニ

ケーションを行うことができる準備をすることが必要である。

### (2) 言語的コミュニケーションと非言語的コミュニケーションの一致

　言語的コミュニケーションと非言語的コミュニケーションは，必ず同一のメッセージを送る。

　例えば，相手から「話を聴いてほしいのだけれど，いいでしょうか」と尋ねられた時，「はい，お話を聴かせて頂きますよ」と言語的コミュニケーションで伝えたとする。しかし，心の中では「次にあれもしないといけないのに，早く話が終わるかな」と思っている時は，非言語的メッセージとして表情や態度に表れてしまうことがある。

　自分に話を聴く時間的余裕，気持ちの余裕がない時は，そのことを相手に伝える。自分の気持ちと言動を一致させることが，言語的メッセージと非言語的メッセージの一致になる。「5分間なら時間があります」「1時間後なら時間が取れます」など，自分と相手の状況を合わせることが必要である。

### (3) 環境づくり

　何かの事柄をじっくり話す時には静かな，かつ落ち着くことができる環境を作ることが大切である。周囲が騒々しい，他の人に聞かれたくないなどの内容の場合，周りに他者が居ることで落ち着いて話の内容に集中できない。

　また，室温・湿度・照明・匂いなどもコミュニケーションを行うにあたり集中できない要因となる。さらに，安楽な姿勢を保つことも重要である。コミュニケーションを進める際には，このような物理的環境にも配慮することが大切になる。

## 2　信頼関係をつくるコミュニケーション技術の基本

### (1) コミュニケーションを行う目線

#### ① 目線の高さ

相手と目線を合わせることは非常に大切なことである。相手より目線が上にあると見おろされている感覚を相手が抱くことになる。相手と目線が同じ位置になるように，自分の姿勢を変えることが必要になる。

相手がベッド上に臥床(がしょう)している時は，援助者は椅子に腰掛けるなど，相手の話を「聴(き)く」という姿勢（非言語的メッセージ）を取ると良い。相手が車椅子に座っている場合，援助者は椅子に腰掛ける，あるいは楽な姿勢になるよう膝(ひざ)を曲げて腰を落とし，目線の高さを合わせるようにする。

② 目線を合わせる

相手とコミュニケーションを取りながら目線を合わせることは，相手の話を聴いているという非言語的なメッセージを送ることにつながる。しかし，ずっと目線を合わせているとお互いが疲れてしまうので，時折襟元(えりもと)に目線を落としたりしながら行うと良い。

(2) 位置関係

① 位置

一般に親密な位置関係の順序は，並行（図4-1A），90度（図4-1B），向かい合う（図4-1C）とされている。コミュニケーションを行う時は，90度の位置関係が望ましい。指導・教育を行う場合は向かい合う位置関係が良い。

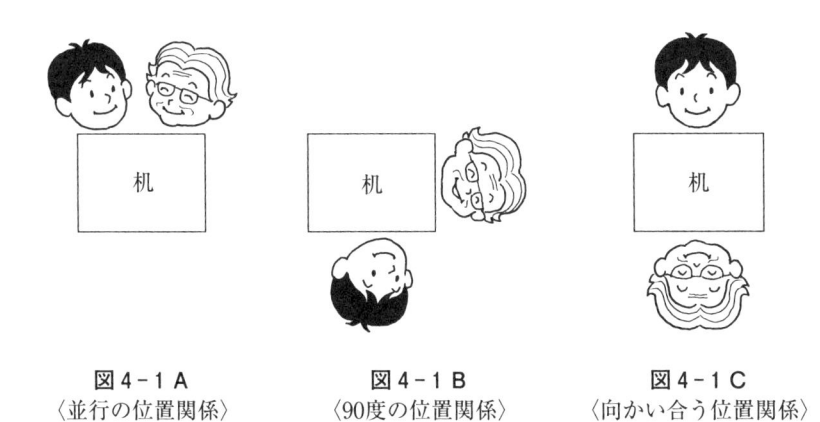

図4-1A　〈並行の位置関係〉　　図4-1B　〈90度の位置関係〉　　図4-1C　〈向かい合う位置関係〉

図4-1　コミュニケーションを行う時の位置

② 距離

ハル（Hall, E.）は対人距離を4つに分類している。

つまり，密接距離（友人同士や親子関係で見られる身体への接触が可能な距離）を45cm，固体距離（友人同士や知人との関係で見られる距離）45〜120cm，社会距離（仕事上の接触などで見られる，身体への接触ができない距離）120〜360cm，公衆距離（講演会などでの講演者と聴衆との距離で個人的な関係は成立しない）360cm以上である。

相手との関係性（初対面なのか，お互いを知り合っているのか）によって，距離を考えながら接近することが相手に安心感を与える一つの要素となる。

### (3) コミュニケーションの導入

言語的コミュニケーションと非言語的コミュニケーション（表情・声のトーン・しぐさ）を用いながら実施する。

① 挨拶

コミュニケーションの第一歩となるのが挨拶である。儀礼的に挨拶を実施するのでなく，「今日も一日元気で過ごしましょう」など，メッセージをこめて（気持ちをこめて）挨拶する。

毎日，また，時に応じて行う気持ちのこもった挨拶をすることが，コミュニケーションの第一歩として必要な基本的な技術である。

② 自己紹介

挨拶に続き必要なことは自己紹介である。毎日会っていても，日々，相手とかかわる目的は異なっている。相手が自分のことを「施設（病院）職員」だと認識していても，必ず自己紹介を行う必要がある。

例えば，「今日○○さんを担当させて頂きます介護福祉士の△△です。今日は○○さんと一緒に□□のことをさせて頂こうと考えています。○○さんと今日1日の予定を計画しようと思っています」など，自分は何者か，今，何の目的でかかわっているのかを伝える必要がある。

挨拶や自己紹介は，簡単なようだがあまりに日常的なため省略されることが多い。コミュニケーションを行うにあたっては，自己紹介をすることでお

互いのかかわり合いの目的が明確化される。

## 3 効果的なコミュニケーションの技術

コミュニケーションは，人と人との人間関係を構築する大切な機能であるが，それ以上に，相手の気持ちに寄り添うことが必要とされる。ここでは，信頼関係を構築するための効果的なコミュニケーション技術を紹介する。

川野（2003年）は効果的なコミュニケーションの技術25項目と効果的でないコミュニケーションの技術15項目を挙げている（表4-1）。

| 効果的なコミュニケーション | 効果的でないコミュニケーション |
|---|---|
| 1　話題の導入 | 1　いきなりおびやかす話題から始める |
| 2　観察したことを表現する | 2　非難 |
| 3　問いかけ | 3　効果のないなぐさめ |
| 4　受け止める | 4　援助者が話しすぎる |
| 5　明確化 | 5　しつこい質問 |
| 6　焦点化 | 6　援助者が話さなすぎる |
| 7　会話を促進する | 7　意味のない沈黙 |
| 8　励ます | 8　意味のない笑い |
| 9　効果的な沈黙 | 9　相手を尊重しない言葉遣い |
| 10　タッチング（相手の肩や手にそっと触れる） | 10　相手に不快を与えるような立ち振る舞い，オーバーなジェスチャー |
| 11　相手の感情表現を促す | 11　突然，結論に飛ぶ |
| 12　相手が考えていることを表現できるように促す | 12　意味なく話題を変える |
| 13　援助者の感情表現をする | 13　言葉の重なり（相手が話し終わっていないうちに言葉を出す） |
| 14　援助者の考えていることを表現する | 14　相手の表現を抑制する |
| 15　援助者の自己提供 | 15　否定的なニュアンスで語尾が終わる |
| 16　よい点を伝える | |
| 17　変化していることを表現する | |
| 18　ユーモアを示す | |
| 19　意図的に現実的な話題に変える | |
| 20　話をもとに戻す | |
| 21　時間の経過を追う | |
| 22　現実提示 | |
| 23　情報提供・提案 | |
| 24　自己決定を促す | |
| 25　要約 | |

表4-1　効果的なコミュニケーションと効果的でないコミュニケーション
出典：川野雅資編『ナーシング・ムック19　実践に生かす看護コミュニケーション』学習研究社，2003年，6-7頁，一部改変。

表4-1の効果的なコミュニケーションの技術を使用し，自分が相手とのコミュニケーションに困った時，また，相手が言葉に詰まった時に参考にすると良い。

　例えば，相手が黙ってしまった時は，問いかけに対して考えていたり，考えを整理したりしている時である。そのような時は，焦らず，「考えるのを待っていますと」という非言語的メッセージを送りながら待っていると良い。

　また，自分の考えや感情を伝える時は落ち着いて，「私は○○と考えています」「私は○○だと感じています」など，「私」はこう考えている，感じているなどと表現すると，相手に援助者の考えや感情が伝わりやすい。

　相手がどのような感情や思いを抱いているかを明らかにするには，相手に語ってもらうことが重要である。その際，相手の言葉や感情を受け止めることが必要になる。自身の価値や判断や感情は抜き，「○○とお考えなんですね」「○○と感じていらっしゃるのですね」など，相手の言葉を使用し，否定や非難をせず，まず受け止めることがコミュニケーションの第一歩となる。その後，「どうして○○とお感じになったのでしょう」「○○についてもう少し詳しくお話しして頂けませんか」など，相手の感情や思いを促すようにすることが効果的なコミュニケーションにつながっていく。

　最後にコミュニケーションを取る際に注意してほしいことがある。コミュニケーションを行っている時は，さまざまな技法を頭の隅に追いやり，相手の話に心と耳を傾け聴くことが大切である。相手がメッセージとして何を伝えたいのかを理解するために真剣に向き合って，初めてコミュニケーションが成り立つのである。

（大山末美）

### 参考文献
(1) Edward T. Hall, "The hidden Dimension", ANCHOR BOOKS A DIVISION OF RANDOM HOUSE, INC, US, 1990.
(2) 白石大介『対人援助技術の実際』創元社，2001年。
(3) 村尾誠・江川隆子監訳『ヘルスケアのためのコミュニケーション』廣川書店，2000年。

# 第3章
# 介護過程

第1節●介護過程の意義と目的
第2節●介護過程の流れ
第3節●ケーススタディに学ぶ具体的展開

## 第 1 節
# 介護過程の意義と目的

　介護過程は，対象の生活問題を介護の視点から明らかにし，それを解決していくための一連の援助過程である。また，それは介護者が対象をよく理解し，科学的根拠に基づいた援助を統合された専門的知識と技術をもって実践していくための道しるべでもある。その目的は「その人らしい質の高い生活を目指す」ことである。
　本節では，介護援助を実施していく中で，介護過程がもたらす対象と介護者にとっての利点について述べる。

## 1　介護過程とは

　介護の目標は，「身体・精神の障害があることにより日常生活を営むのに支障がある人に対して，できるだけその人のもつ力を最大限に発揮できるようにしながら，自分らしい生活を送ることができるよう支援すること」である。さらに高い目標としては，「より良い生活を送ることができるよう支援すること」である。
　介護過程（Care Process）は，利用者や家族が抱えている生活上の問題を，介護の視点から系統的に明らかにし，それを解決するために計画を立て，働きかけ，その人らしい生活の自立と質の向上がなされているかどうかの視点で評価をしていく一連の問題解決の過程である。

## 2　介護過程の意義

　利用者の生活上の問題は，利用者と家族，介護福祉士とその他のチームメンバーが協働して解決に取り組む課題であり，介護過程は，「客観的・科学的

根拠に基づいた介護の実践」のために必要となる。介護過程の利点は以下にまとめられる。

## (1) 利用者にとっての利点

### ① 利用者中心の介護

問題解決の過程をたどることにより，その都度，利用者のニーズとその反応が確認されるため，利用者にとって適切で個別性に富んだ介護が提供できる。

### ② 介護の質の向上

情報を収集し，アセスメントし，問題点を明確にすることにより，目標を的確に見据えた介護を提供することができる。

また，これを実施，評価し，必要に応じて修正を行うことにより，介護の質の向上を図ることができる。

### ③ 家族の介護への積極的参加

介護過程を用いることにより，問題解決までの過程が明らかになり，家族がどの段階で介護に参加すると効果的なのかがわかりやすい。そのため，家族の積極的な参加が期待でき，利用者と良好な協力関係が築ける。

また，このことにより，利用者に対する過度な援助を防ぐことができ，利用者の自立につながる。

### ④ 一貫した介護の提供

立案した計画のもとに介護実践が行われ，その過程は，どのチームメンバーが見てもわかりやすいよう記録される。

このことは，チームメンバー間の引継ぎや連携を良好にし，その効果は利用者につながる。

## (2) 介護福祉士にとっての利点

### ① 自己の成長と専門性の確立

介護過程を用いることで，問題解決のため「客観的・科学的根拠に基づいた介護の実践」について考える機会となり，専門職業人としての成長と，介

護の専門性の確立につながる。
　② **職務においての「やりがい」**
　介護過程により、計画を立案し、実施、評価、計画の修正、実施を繰り返す中で、利用者の生活上の障害が軽減され、改善されていく状況を客観的に把握できることは、専門職としての達成感や満足感を感じることになり、職務に対する「やりがい」につながる。
　③ **仕事の効率化**
　介護計画が立案され、介護上の問題を明確にすることにより、焦点を当てた仕事を遂行(すいこう)することができる。
　④ **コミュニケーションの円滑化**
　介護過程を通して利用者にかかわることで、介護計画の実施や評価等に関するプロセス上の情報共有ができ、介護を協働するチームメンバー間のコミュニケーションの円滑化(えんかつか)につながる。

## 3　介護過程の目的

　介護の目標は、利用者が望むより良い生活、より良い人生の実現である。
　利用者の望みの中には「費用負担を少なくしたい」という切実な思いもあり、そのことをふまえ介護過程の目的を考えると、大きく以下の2つになる。
　① 問題解決過程を展開することで、科学的根拠に基づき、利用者の個別性を活かした、質の高い介護を提供する。
　② 介護を実施するチーム内で共通のツール、言語を用いることにより、チーム内の連携を密にし、過不足のない介護の実践と、介護に要するコストの削減につなげる。

　　　　　　　　　　　　　　　　　　　　　　　　　　（新谷奈苗）

第3章 介護過程

## 第2節 介護過程の流れ

　介護過程は，要約すれば介護実践のための「問題解決法」であり，本論で述べられている8つの要素（情報収集→アセスメント→課題の明確化→目標設定→計画立案→実施→評価→修正）より成り立つ一連の流れである。本節は，介護過程の展開について8つの要素を詳しく具体的に説明することにより，介護援助における思考過程が理解しやすいように述べられている。

### 1　介護過程の8要素

　介護過程は，①情報収集，②アセスメント，③課題の明確化，④目標設定，⑤計画立案，⑥実施，⑦評価，⑧修正（適宜），という一連の流れで展開される。

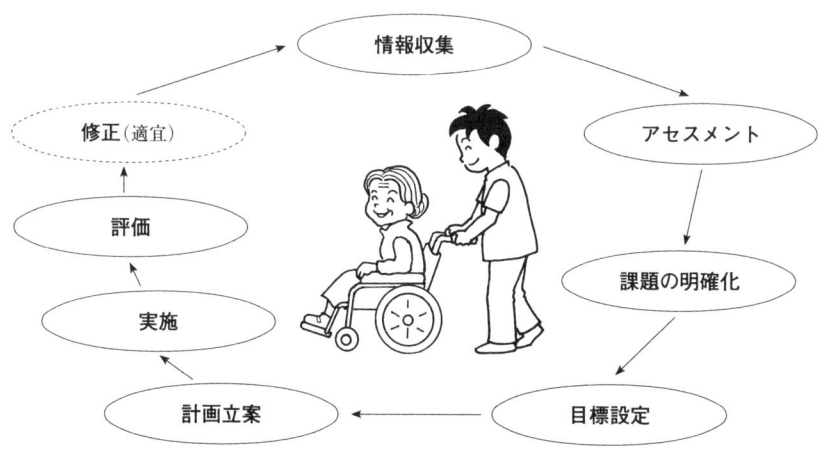

図2-1　介護過程の流れ

この流れは介護実践のための「問題解決法」である。

問題の解決に目標を定めた思考過程は，介護過程独自のものではなく，実は普段の生活の中でも実践されている。

問題の発生から，その原因究明，問題解決のための対策，対策の実践という一連の流れに沿った過程の繰り返しの中で問題を解決に導いている。

## 2 介護過程の流れ

### (1) 情報収集

#### ① 観察の視点

情報を収集するためには，対象者を観察することから始まる。

対象者の健康状態，介護状況，家族の介護力，社会資源といった情報をすべて集めて対象者の全体像を完成させる。

情報の収集は継続的に行うものであり，対象者に最初に出会った時から，その人の計画が終了するまでの間，かかわりを持つたびに積み重ねていくものである。

また，介護過程で立案する援助計画は，収集した情報がもとになるので，情報の収集は包括的に行うようにする。いうまでもないが，包括的に情報収集を行うためには，対象者と面接する前から，入手できる情報を得ておくことが必要である。

情報は，事前に診療記録などから，その多くを収集できる場合もあるし，名前や年齢，介護度といった情報のみの場合もあるが，事前に相手を知っておくことがポイントである。

また，対象者との面接中には，対象者の健康状態，ADL，しぐさ，性格，信念や価値といった思い，介護者との関係といった情報を入手しながら面接を行う。面接後は，収集した情報を見直し，正確であるか，漏れはないか，得た情報から，新たに追加される情報はないかといったことにも意識を置く。

例えば，得た情報を他職種（理学療法士など）と共有し，日々の生活にお

いての介護内容や介護量を決めるために，情報の補足を行ったりというようなことである。

包括的な情報収集を成功させるためには，対象者との関係性の構築が大切である。コミュニケーション技法や面接技法を駆使し行うことが前提であるが，あるがままの対象者を受け入れ見つめる姿勢や，介護福祉士自身の精神的な深さや拡がりが必要である。

そのためには，普段からの介護福祉士自身の研鑽が不可欠である。

② **情報の種類**

情報には主観的な情報（Subjective data）と客観的な情報（Objective date）がある。記録には，それぞれの頭文字から，主観情報を（S），客観的情報を（O）と記入されている。

主観的情報は対象者の口頭から発する訴え（感情）や介護に対する考えや思いなどである。これは介護福祉士が観察によって把握する情報ではなく，対象者との面接を通じて直接得ることができる情報である。

また，客観的情報とは，身体状況の観察，行動の観察，生活上の障害の程度といった部分の観察や，介護福祉士自身が観察したこと，家族や医師，ホームヘルパー，看護師といった他職種から得る対象者の情報，介護記録，主治医意見書，看護記録といった本人に関する記録物など，対象者について他人が直接観察できるもののすべてである。

以下にその例を示す。

- **主観的情報（S）**：「最近，歩く時に，足が前に出づらくなってきたんです」
- **客観的情報（O）**：「歩き始めには，幾度となくつまずきそうになっている」

このように，主観的情報とは，対象者が言ったことであり，客観的情報とは観察し知り得たことである。

この例では，客観的情報が主観的情報を裏付けている。すなわち，観察した客観的情報が，対象者の話した主観的情報を確認するための事実としてつながっている。（もし，つながらなければその原因を考察する必要がある。）

このように，関連を持たせて記載することが，すべての情報について可能かどうかはわからないが，その際は，問題の全体を理解するために，より詳

しい情報を収集しなければならない。

また，客観的情報はできる限り具体的に記載することが重要である。以下はその一例である。

・食事がすすまない
　　　↓
　主食3割　副食3割摂取
・右腕に発疹(ほっしん)がある
　　　↓
　右腕の肘上部(ちゅうじょうぶ)に5cm×5cm四方の発疹がある。発疹はじくじくしておらず，乾燥している

このようにデータを主観的情報と客観的情報の両面から収集し，対象者の理解へとつなぐ。

また，情報は直接得るだけでなく，室内の様子から日常生活の状況や生活歴を知ることができるし，身体や衣服の状況から保清の状況や認知症(にんちしょう)などの混乱状態も把握(はあく)できる。家族の対象者に対する言葉遣(づか)いや態度，表情から両者の関係性が見えてきたりする。

このように，観察は状況からの推察という視点も持って見つめてみる必要がある。

### (2) アセスメント

得られたデータの一つひとつにおいて，解釈，関連づけ，統合化を行う。情報のアセスメントでは，「なぜ，今の状態にあるのか」を，介護の視点をもとに専門的知識や経験を駆使しアセスメントをし，複雑に絡(から)み合っている情報の関連性を明らかにし，そこから課題を引き出す。

このように，アセスメントには，専門的な知識に加え，観察力，判断力，洞察力，想像力といった介護福祉士の能力が大きく問われるのである。

また，アセスメントには現時点から得られた事実だけでなく，この事実が続けばこういった二次的なことが起こるであろうという視点も加味する。

このことから，起こるかもしれない可能性のある二次的な障害に対しても，

これを回避するための予防的視点を援助計画の中に入れることができる。

### (3) 課題の明確化

　課題とは，対象者の望む暮らしを実現するために，解決しなければならないことを指す。このことから，ここで取り上げる課題は，介護福祉士が介入することによって解決できる範囲の課題でなければならない。

　また，引き出された課題には優先順位がある。優先順位の決定は，対象者にとっての重要性と緊急性によって判断される。対象者の生命の安全，生活の安定が優先されるが，決定の視点には，対象者の信念や価値観といったことも含められる。

　また，対象者を支援する際の優先順位の決定には「マズローの欲求段階論」が参考になる。

　マズローの欲求段階論とは，下位の欲求から順に，「生理的欲求」「安全の欲求」「承認と帰属の欲求」「自尊・支配の欲求」「自己実現の欲求」と5つの段階に分けられており，人間は自己実現に向かって絶えず成長する生きものであるとし，人間の欲求は5段階のピラミッドのようになっていると示されている。

　これら人間の欲求は最低位から始まり，その下位段階の欲求が満たされると，1段階上の欲求を志すと考えられている。

　例えば，最も最低位である「生理的欲求」は生きるうえでの源となる欲求であり，食べることや寝ること排泄（はいせつ）といった生命にかかわるものである。これが満たされると人間は，住居や衣服，経済的安定といった安定，安全や安楽にかかわる欲求を満たしたいと考えるようになり，それが満たされると，他人とかかわりたい，他者と同じようにしたいといった情緒的な人間関係にかかわる欲求が生まれる。

　マズローの欲求段階論の応用は，介護の対象である人間の見方の基本的な考え方を強化し，介護実践の場につながっていくものである。

(4) 目標設定

　取り組むべき課題を明確化したのち，それを解決すべく「援助目標」を設定し，その目標を達成するための計画を立案する。

　援助目標は，対象者が実現できそうな内容であること，また誰もが「その目標を達成できたかどうか」といった判断がつきやすい測定可能な記載の仕方がなされていなければならない。

　例えば，目標を「利用者は杖を用いて歩行できる」としたならば，利用者が杖を用いてどの程度歩行できたら目標達成とするのか判断しかねる。

　しかし「杖を用いて，廊下の端から端まで1往復歩行することができる」と具体的に明示すると，評価の際にも達成したか否かの判断がつきやすい。

　また，この目標がいつ頃達成できる見込みなのかといった期間についての設定も必要である。期間は長期と短期に分け，「長期目標」は約1年間程度の期間設定を「短期目標」は当面の目標と考え，約3ヵ月程度の期間を定める。

　このような点に留意しながら，地域の社会資源を生かし，対象者とそれを支える家族や関係スタッフが一丸となって頑張ることのできる目標を設定することが大切である。

(5) 計画立案

　計画立案とは，対象者が望む暮らしをするために，何をどうすれば問題解決できるのかの方法を，目標を立て，その目標に向かって解決方法を設定するものである。

　援助計画は行動を表す動詞を用いて表現され，達成度が判断しやすいように具体的に記載される必要がある。

　具体的に記載するための留意点として，5W1Hを考えると良い。

　5Wとは，誰が（Who），いつ（When），どこで（Where）なぜ（Why），何を（What），1Hは，どのように（How）であるが，これらをふまえて計画立案を行うと，他職種と共有するツールとしても理解しやすい。

## (6) 実施

　立案した援助計画は，実際に対象者に実施する前に，再検討を行う。

　再検討とは，計画している内容・手順で良いか，変更する箇所はないか，優先順位の変更はないかといった点の確認であるが，対象者の状態は日々変化しており，現時点での状態に適した計画であるかどうかを再度見極めることが重要である。

　このように，介護福祉士は，対象者の安全，安楽を科学的な視点から考え，実施する，という習慣が大切である。

　また，援助計画の実施は，対象者との関係性を築く絶好の機会であるとともに，対象者を観察できる機会でもあることから，計画の修正につながる。

　介護福祉士は対象者に関心を持っているという態度を示しながら接し，実施を目標達成につながる貴重な時間としていく必要がある。

## (7) 評価

　評価の際には，目標を見据えながら，それが達成できているかどうかについて判断を行う。

　前述したように，目標が「測定しやすく，判断がつきやすい言葉」で表現されていると，その評価も容易である。

　実施した援助が問題の解決に効果的であったか，効果的でなかった時は，その原因は何か，計画の修正はどの部分に，どのように必要なのかを検討し，介護過程の一連の流れにつなげていく。

## (8) 修正（適宜）

　こうして目標を達成したと判断されると，その課題は解決されたことになり，課題から外されるが，解決されていないと判断される場合は，援助計画の効果を再検討することになる。

　その際は，対象者の現在の状態と生活上の課題，援助計画のもとに実施されたケアの質や量についても再アセスメントし，目標を見直したり，計画に

修正や変更を加えていく。

　修正や変更の際には修正や変更に至った理由やその日付を付記し，他スタッフにも通じるよう明確な記載を行う。

　このように介護過程とは，課題の解決まで，この一連の流れが繰り返され展開されていく。

（新谷奈苗）

### 参考文献
(1) 守本とも子・星野政明編著『生活支援技術・介護過程』黎明書房，2010年。
(2) 久保田トミ子・吉田節子他『介護過程』中央法規出版，2011年。
(3) 社団法人日本介護福祉士会編集『生活7領域から考える　自立支援アセスメント・ケアプラン作成マニュアル（Ver.Ⅳ）』中央法規出版，2010年。
(4) 櫻井尚子・渡部月子他『ナーシング・グラフィカ21　地域療養を支えるケア』メディカ出版，2010年。
(5) 渡邊トシ子編集『実践看護アセスメント』NOUVELLE HIROKAWA，2011年。
(6) R.アルファロールフィーヴァ著，江本愛子監訳『基本から学ぶ看護過程と看護診断』医学書院，2000年。

# 第 3 節
# ケーススタディに学ぶ具体的展開

　第3章，第2節で，介護過程の基本を学んだことをふまえ，本節は介護過程の展開について，事例を通して学ぶことができるように構成されている。

　介護の原則である「尊厳」「自立」をキーワードとした援助の実際を紹介している。対象を理解するために必要な情報の内容や介護計画及び評価方法について具体的に提示されているので，注意深く読み進めていただきたい。

## 1　介護過程の展開

### (1)　介護保険施設における介護計画作成の流れ

図3-1　介護保険施設における介護計画作成の流れ（執筆者作成）

施設ケアマネジメントの開始
- 入所（入院）受付
- 情報収集・面接
- 入所（入院）判定会議・利用
- 契約

生活相談員・介護支援専門員等と連携し、情報収集を開始

入所時
(1)サービス担当者会議への参加
　①施設サービス計画の確認
　②他職種の意見聴取
　③利用者や家族の意向確認

アセスメント（課題分析）

介護計画原案の作成

利用者・家族への説明・同意・交付

介護計画書の作成・実施

モニタリング　実施状況の把握と評価等　記録の整備

死亡／他の介護保険施設入所／医療機関等へ入院／在宅復帰

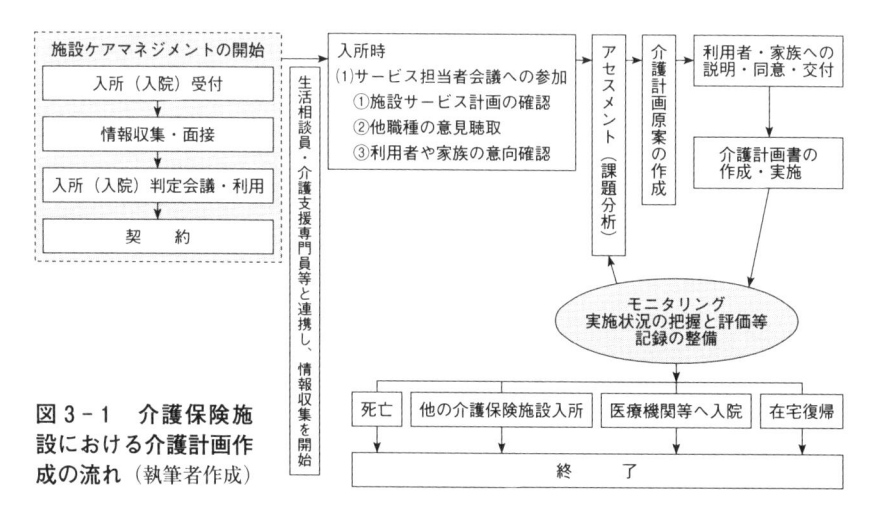

終　了

(2) 尊厳と自立の支援に向けた介護過程の展開

　介護過程は，利用者の望む生活をベースに，尊厳と自立の支援を実現するという介護の目的を達成するために，専門知識や技術を活用してアプローチする客観的で科学的な思考過程である。

　介護職が立案する介護計画は，介護支援専門員などが作成した施設サービス計画または居宅サービス計画をふまえて，介護職の視点から改めてアセスメントを行い，設定された目標を達成するためのより具体的な計画である。

　具体的な事例で介護過程の流れを紹介しよう。

　谷本弘明さん（仮名）男性（66歳）は，5年前に脳梗塞（のうこうそく）を発症し，右片麻痺（かたまひ）の障害が残った。妻による介護で在宅生活を維持していたものの，妻の腰痛が悪化したため，介護が継続できなくなり，特別養護老人ホームに入所することになった。新規入所者に対する介護過程の実際を検討していく。

## 2　介護過程の実際的展開

### (1)　介護計画の開始

・利用者ごとに行われる施設ケアマネジメントの一環として行われることに留意し，多職種との連携の中で援助が開始される（図3-1参照）。
・利用者全員に実施する。谷本さんの入所が決定した時から介護過程が始まる。
・入所前に生活相談員をはじめとする関係職種と連携し，生活に対する意向，身体面・精神面・社会面の領域における状況の情報を収集する。

### (2)　アセスメントの実施

・入所時のサービス担当者会議で，谷本さん本人及び家族である妻の意向，施設サービス計画を確認する。
・入所後速やかに，介護職は身体面・精神面・社会面の領域における状態を

## 第3章 介護過程

観察し課題を分析する。

| 要介護度／障害区分 | 要介護4 | 障害の有無 | 身障1種1級 |
|---|---|---|---|
| 自立度 | B2 | 主な障害・疾病の現状 | 右片麻痺 |
| 認知症度 | 自立 | 認知症の状況 | 認知症はなし |
| 家族の状況 | 妻（62歳）主婦，三女（31歳）OLの3人暮らし。長女（35歳）と次女（34歳）は遠方で生活。いずれも既婚者で子どももいる。 | | |
| 入所理由 | 脳梗塞後遺症で，自宅で療養生活をしていたが，介護者である妻の腰痛が悪化し，介護が継続できなくなった。 | | |
| 趣味や特技 | ペット犬として大きなダルメシアンを1頭飼っている。野球やサッカーなどスポーツ観戦が趣味。 | | |
| 安らぎに関すること | できれば自宅での生活に戻りたい。長女や次女の子ども（孫）との面会が楽しみ。 | | |
| 誇りに関すること | 仕事（鉄道会社）を退職した5年前に隣市より引っ越してくる。一戸建（8LDK）でプール付きの豪邸が自慢。家族からの信望は厚い。 | | |
| 日常生活での自己決定に関すること | 生活全般にわたりすべて自分で決めたい。責任感は強いが，ただ，頑固な一面もあり，周りの意見を聞かない時もある。 | | |
| 生活へのこだわりについて | 自立したい思いからベッドは使わず最近まで布団を使用していた。マイカーも2台あるが，そのうち1台は車椅子のままでも乗車できるように改造されている。 | | |
| 身だしなみ | いつも小奇麗にしているが，髭の剃り残しが見られる場合もある。 | | |
| 日常生活での気になること | 失語症のせいか言葉が思うように出てこないのがイライラの原因になっている。 | | |
| 疾病について | 61歳で脳梗塞を発症。服薬で血圧のコントロールをしている。 | | |
| 日常生活動作 | 移動 | 全介助状態だが，座位保持は可。毎朝，車椅子に移乗しできるだけ座位の状態を保っている。立位保持訓練中。右上肢の挙上が困難。握力はある程度あり。全身の筋力低下がみられる。患側の肘・膝・足関節に可動域制限あり。身長167cm，体重58kg。 | |
| | 食事 | 一部介助。きざみ食にて摂食可。しかし嚥下困難あり，水分でむせる場合がある。 | |
| | 排泄 | 尿意・便意あり。後始末は全介助。基本的にはトイレ使用。夜間等尿器使用の場合もある。 | |
| | 入浴 | 自宅では，ヘルパーなどの介助により，週2回のシャワー浴を実施。 | |
| | 更衣 | 麻痺側の不自由さがあり，一部介助状態。 | |
| | 整容 | 健側を使ってかろうじて自立。 | |
| | 睡眠 | 夜間数回起きるものの，良眠の状態である。 | |
| | 意思疎通 | 言語はやや不明瞭。それでも積極的に周りに話しかけてくる。 | |
| 家事 | 同居の妻と三女で全面的に実施。しかし，妻には腰痛や膝痛があり万全ではない。三女も働いており，いつまでも一緒にいるとも限らない状態。 | | |
| 経済状態 | （月収）障害厚生年金受給，推定20万円以上。<br>（財産）不明だが裕福な生活状態と見受ける。市民税・所得税は非課税。 | | |

表3-1　谷本弘明さん（仮名）男性（66歳）の情報収集記録

- 情報収集に際しては，利用者である谷本さんの全体像を捉えるための観察が重要である。
- 利用者である谷本さんの状況は，主観的情報と客観的情報から捉える。
- 集められた情報を分析し，谷本さんが介護状態に至った原因を追究する。
- 課題（ニーズ）を明らかにするにあたっては，利用者である谷本さんのセルフケア能力を判断することが大切。
- 施設サービス計画で取り上げられている課題（ニーズ）には，介護・看護（健康）・栄養・リハビリなどさまざまな領域のニーズがあるが，介護関連の課題（ニーズ）と介護職が導き出した課題（ニーズ）とのすり合わせをする。
- 谷本さんの介護に関わるニーズとしては，以下の4つが確認された。
    ① 食事…常食で食事をしたい
    ② 排泄…夜間におけるトイレでの排泄を確実にしたい
    ③ 入浴…個浴でゆったりと浸かりたい
    ④ 外出…定期的に外出し，妻のいる自宅で1日過ごしたい。そして，娘や孫たちとも会えるようにしたい

### (3) 介護計画の立案

- アセスメントをふまえ，谷本さんの介護上の課題に対して介護職員が取り組むべき課題等を記入した介護計画を作成する。
- 介護計画を作成する場合は，利用者である谷本さんの意思を尊重することが重要である。
- 介護計画の目標は，実現可能なものであり，期限や達成度合いなど具体的に表現されることが望ましい。
- 介護計画は，利用者である谷本さんと妻に説明し同意を得る。
- 目標を達成するための支援内容や方法を決定する。

### (4) 支援の実施

- 介護計画に基づく介護サービスを的確に実施する。

第3章 介護過程

| 目標 | 介護内容 |
|---|---|
| 5週間後には，夜間の排泄は尿器を使用せず，確実にトイレで行われている。 | ①排泄パターンを知る<br>・これから2週間の排泄状況の詳細をチェック表に記録する<br>・谷本さんの排泄におけるシグナルサインを探し，感じ取る<br>②排泄頻度の高い時間帯が来たり，谷本さん固有の排泄シグナルを受け取れば，さりげなくトイレに誘う<br>③トイレ介助を行う<br>　1)必要に応じて排泄（トイレ誘導）の声をかける<br>　2)便座前で下衣類をおろす<br>　3)便座に移乗し，座っていただく<br>　4)排泄姿勢を保持する<br>　5)終了後，ナースコールを押していただくよう声をかける<br>　6)見守り<br>　7)排泄後ノックし「失礼します」と声をかけドアを開ける<br>　8)必要に応じて陰部(せいしき)を清拭する<br>　9)下衣類をあげる<br>　10)車椅子へ移乗，または手引き歩行でトイレから出る<br>④排泄チェック表や支援経過記録に記入する<br>⑤日中は，体力向上の基本となる生活習慣を確立し，移乗動作や座位を安定させる。<br>・水分摂取1300cc/日，栄養摂取1500kcal/日<br>・座位最低5時間以上/日，ラジオ体操参加/日<br>・便秘の予防 |

表3-2　谷本さんの介護計画（一部）

・実施においては，自立支援，安全と安心，尊厳の保持の視点を意識する。
・実施の際の利用者である谷本さんの反応や状況の変化を客観的に把握して記録する。
・実施に際しては，医師や看護職，リハビリ職，相談職など他職種との連携が重要である。

## (5) 評価（モニタリング）

・介護計画に位置づけられた目標達成の時期に，一つひとつの目標に対して評価する。
・実施した介護サービスの内容を分析し，ケアの適切性を評価する。
・介護計画を修正する必要性を検討する。
・支援の効果についての評価は，日常生活動作（ADL）の改善のみではなく，

| 介護目標：5週間後には夜間の排泄は尿器を使用せず確実にトイレで行われている。 | | |
|---|---|---|
| 介護内容 | 実施・結果 | 評価 |
| ①排泄パターンを知る | ・2週間の排泄状況の詳細をすべてチェック表に記録した。その結果23時頃と明方5時前後に排尿する傾向がわかった<br>・谷本さんの排泄におけるシグナルサインは，尿意や便意がある時にズボンの中に右手を入れる癖を発見した | ・チームの努力によって排泄パターンを知ることができた<br>・排泄頻度の時間帯は今後変わる可能性があるので，引き続き記録をしていく |
| ②排泄頻度の高い時間帯が来たり，谷本さん固有の排泄シグナルを受け取れば，さりげなくトイレに誘う | ・さりげなくトイレに誘うという方針であったが，「トイレに行きましょう！」「おしっこ出ますか？」などの声かけをしている職員もいた | ・無理強いをしないで「居室からフロアに行くついでに」誘導すること |
| ③トイレ介助を行う | ・トイレ介助の手順については，基本通りの介護が提供できた。ただ，見守りの際，他の利用者の緊急対応でその場から離れることが一度あった | ・一人夜勤において夜間のナースコール対応をどのように工夫するかマニュアル化する必要がある |
| ④排泄チェック表や支援経過記録に記入する | ・記録の記載は100％達成した<br>・1週目のトイレ排泄の達成度は34％，その後48％，53％，80％，92％と確実に伸びてきたが，まだ100％には達していない | ・ほぼトイレ排泄が習慣化してきたが，安定するにはまだしばらくのアプローチが必要 |
| ⑤日中は，体力向上の基本となる生活習慣を確立し，移乗動作や座位を安定させる | ・この5週間で，水分摂取1300cc/日は100％達成，栄養摂取1500kcal/日は92％達成<br>・座位最低5時間以上/日とラジオ体操参加/日も100％達成し，座位が安定してきた<br>・施設の食事をほぼ召し上がっていただき便秘の予防ができた | ・リハビリ職との連携で谷本さんの立位訓練がさらに強化できそうである |

表3-3　谷本さんの評価（モニタリング）（一部）

利用者である谷本さんの生活の質にも着目する。
・評価の結果を受けて，さらに次元の高い目標達成に向け，情報収集と再アセスメントを行う。そして，適切な介護計画の立案と実施につなげていく。

(真辺一範)

# 第4章
# 介護実習の実際

第1節●車椅子の操作
第2節●歩行の介助
　　　かいじょ
第3節●整容の介助
　　　せいよう
第4節●食事の介助
第5節●排泄の介助
　　　はいせつ

## 第1節

# 車椅子の操作

車椅子は歩行が困難な対象にとっては不可欠な移動手段である。
　本節では車椅子の種類と各部位の名称について説明し，対象者自身が車椅子で移動する方法とその際の留意点について図を提示しながら説明している。
　また，介護者が車椅子移動を介助(かいじょ)する際の留意点についても詳しく述べている。車椅子による移送は時に危険を伴うものであり，十分な注意が必要であることをまず認識してもらいたい。

　車椅子は歩行が困難である者にとって必要な移動手段のひとつである。人は通常「歩行」や「走行」という方法を用いて目的を果たすために移動する。
　しかし，先天的・後天的障害によって杖(つえ)や歩行器，車椅子等の各種歩行補助具を用いて移動の方法を選択しなければならない場合がある。これらの歩行補助具は「歩行」に比べて大小さまざまな制約をもたらすということを理解したうえで選択しなければならない。
　車椅子は目的に応じて種々の型が存在している。標準型，各パーツの脱着（スイングアウト）型，介助型(かいじょ)，リクライニング型，スポーツ型，電動車椅

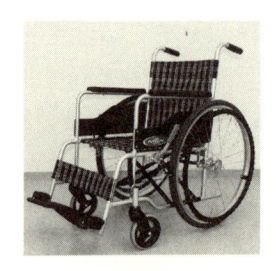

標準型 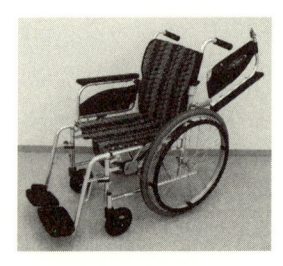　　各パーツの脱着　　介助型
　　　　　（スイングアウト）型

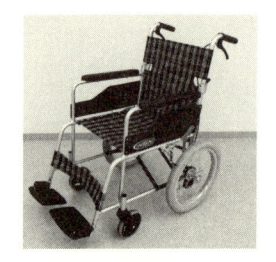

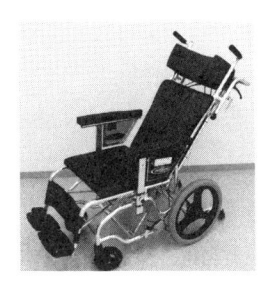

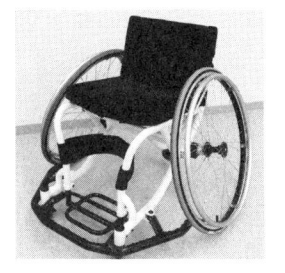

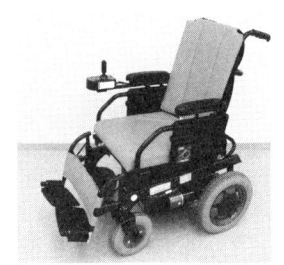

第4章　介護実習の実際

リクライニング型　　スポーツ型　　電動車椅子

図1-1

子等（図1-1）である。

## (1) 車椅子の名称

車椅子は各部位に名称があり，その目的とともに理解する（図1-2）。

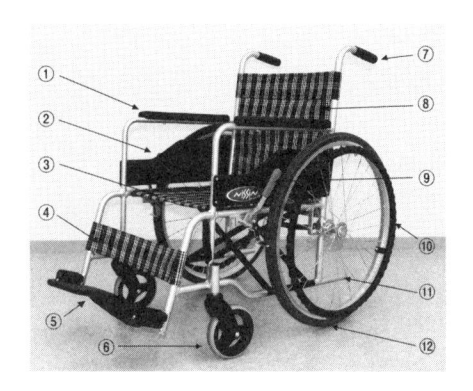

① **アームレスト**：乗車時に前腕，手部を置く場所である。柔らかい素材で作られている。乗降時に邪魔にならないよう跳ね上げタイプ，取り外しタイプのものもある。肘かけあるいは，肘当てとも言う。

② **スカートガード**：衣類を大車輪に巻き込まないようにするための板状のがわあてである。

**図1-2　車椅子の各部の名称**

①アームレスト，②スカートガード，③シート，④レッグレスト，⑤フットレスト，⑥キャスター，⑦グリップ，⑧バックレスト，⑨ブレーキ，⑩ハンドリム，⑪ティッピングレバー，⑫大車輪

③ **シート**：乗車した際に座る場所である。若干後方に傾斜している。
④ **レッグレスト**：両方のレッグパイプの間にあるベルトである。下腿部が後方に滑り落ちないよう固定する。

87

⑤ フットレスト：足を置くプレートである。車椅子乗降時には側方に跳ね上げ足部を床に着いた状態で立ち座りをする。前方から直接ベッドに移乗する場合には前方に出ているレッグパイプとフットレストが邪魔になる。このためレッグパイプと一緒に側方に開くタイプと取り外すタイプがある。

⑥ キャスター（前輪）：主に前にある小さな車輪のこと。直接駆動することはない。直径の小さな車輪を用いることが多い。不整地での使用が多い場合は直径の大きなキャスターを用いる。

⑦ グリップ：介助者が使用するもの。グリップを持って車椅子を操作する。

⑧ バックレスト：いわゆる背もたれである。中折れのタイプもあり，折りたたんだ際により，コンパクトになる。

⑨ ブレーキ：車椅子乗降時，停車時にかけるトグル式のブレーキと介護者用のブレーキがある。トグル式ブレーキは直接タイヤを押さえつけてタイヤの動きを停止させる。介護者用のブレーキは自転車の後輪のブレーキと同じであり，グリップにつけられたレバーを引くことで制動力を調整できる。介護者用のブレーキにはトグル式ブレーキと連動している物もある。

⑩ ハンドリム：車椅子を自走する場合に手で持ち，前方に押すように力を加えることで大車輪を駆動させる。

⑪ ティッピングレバー：最下部にあるフレームの延長である。この部分を踏み，グリップと同時に下向きの力を加えると容易にキャスターが上がる。

⑫ 大車輪：主に後ろにある大きな車輪のこと。介助型車椅子では8インチ程度の小さな車輪を用いる。

車椅子のフレームは主にスチールかアルミである。スチールは安価で強度が高いが重いため病院や施設内の車椅子で用いられることが多い。

アルミフレームは軽量のため個人の購入用として用いられる場合が多い。また，さらに軽量で強度の高いチタンフレームの車椅子もある。

## (2) 車椅子の自走

車椅子を自走する際の方法は両手駆動，両足駆動，片手片足駆動等がある。

### ① 両手駆動

両下肢を用いることができない場合は両手駆動を行う（図1-3）。

両手を用いて駆動する際は両手をできるだけ後方に引き，ハンドリムの上外側から手を添え（しっかり握らない），両手でハンドリムを前方に押し手を離す。この繰り返しにて操作する。

右に曲がりたい時は左手で強く駆動し，左に曲がりたい時は右手で強く駆動すれば良い。この時ハンドリムをしっかり握ってしまうとハンドリムを前方に押し，手を離す際にハンドリムとタイヤの間に母指が挟まってしまう可能性があるので注意する。図1-3Aのように座面の後方にしっかりと座ることで十分なこぎしろを確保することが可能となる。いわゆる「ずりこけ座位」（図1-3B）ではこぎしろが少なく，ハンドリム上でチョコチョコと上肢を繰り返し何度も往復させなければならなくなる。

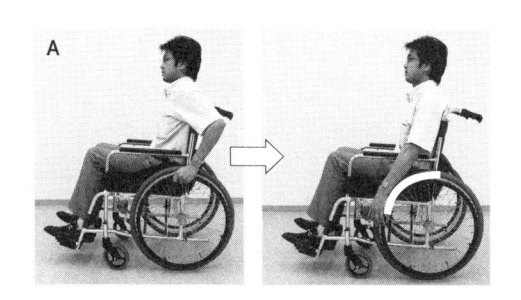

**図1-3　両手駆動**

Aは通常の両手駆動，Bはいわゆる「ずりこけ座位」での両手駆動である。白線はそれぞれのこぎしろである。ずりこけ座位に比べ，通常の座位のほうがこぎしろが多く，より駆動力を得やすいことがわかる。

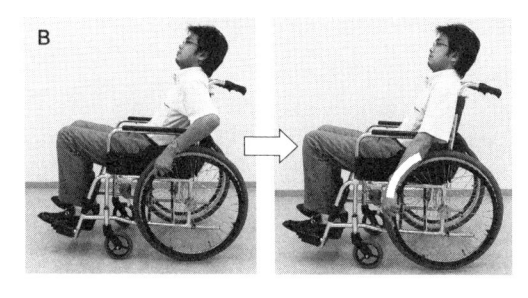

② 両足駆動

両上肢を用いることができない場合は両足駆動を行う（図1-4）。

両足で駆動する際はフットレストを上げ，両足部を床に着けて交互に踏みかえながら駆動する。

レッグレストは除去したほうがこぎしろが増える。足部で方向を調整できる。

足を踏みかえる際に足部が車椅子の下面に入り込み，車椅子と床との間に挟まないように注意する。

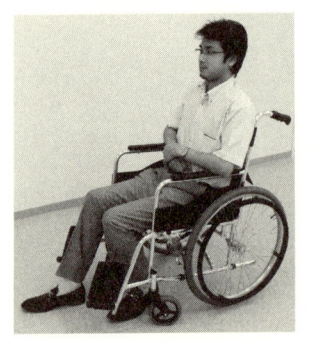

図1-4　両足駆動

一般的に膝は屈曲する力に比べ伸展する力のほうが大きいため，両足駆動の場合は膝を伸ばしながら床を蹴るほう（後ろ向きに進む）が楽に大きな駆動力を発揮できる。しかし，後方への走行は明らかに危険であるので，対象者が行っていれば直ちに中止させる必要がある。

③ 片手片足駆動

主に脳卒中片麻痺者の駆動方法である。

非麻痺側の上肢でハンドリムを操作し，下肢で床を蹴るように駆動する（図1-5）。

主に上肢で前方への駆動力，下肢で前方への駆動と方向を定めることになる。

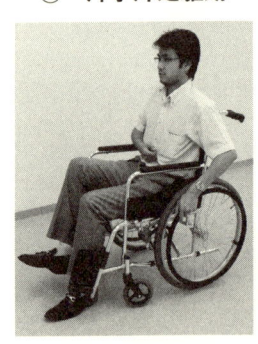

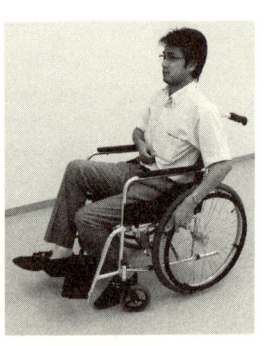

図1-5　片手片足駆動

片側上肢のみの駆動であれば，車椅子は反対側へ回転し始めるので，下肢にて方向を修正しなければならない。

片手片足駆動の場合，腰部が前方に滑り，いわゆる「ずりこけ座位」となる可能性が高い。この場合は前述したようにこぎしろが少なくなるうえに，

腰部が大きく前方に滑った際には，車椅子から転落してしまう可能性さえあるので十分注意する必要がある。

### (3) 車椅子の介助方法

車椅子に対象者が乗車し移動する際に，対象者の能力では移動が困難な場合は介護者が車椅子を操作する。

#### ① 乗り降り

ベッドや椅子から車椅子への移乗時には，車椅子のブレーキがかかっており，フットレストが跳ね上げられていることを確認する。

軽度の障害の場合は介助の必要はないが，上下肢，体幹の障害の状態に合わせて移乗の介助をする。対象者の動作能力について医師や理学療法士，作業療法士と確認しながら介助量を決定する必要がある。

#### ② 屋内での介助走行

まず，最初に注意すべき点は，車椅子に乗車した対象者の意思ではなく，介助者の意思で駆動しているということである。そして，対象者は介助者より前に存在しているということ。さらに，車椅子に乗車した対象者の目線は介助者の目線に比べ低いことも忘れてはならない。

読者が学生であるなら，車椅子に乗車し，友人に普段の歩行速度で歩きながら車椅子走行の介助をしてもらうと良い。いかに恐怖を感じるかを理解できるであろう。

車椅子を発進させる際には対象者に「前に進みます」と声をかけ，ゆっくりと前進し始める。同様に方向転換する際にも曲がる方向を告げてから方向転換する。介助者の歩行スピードは普段の歩行より遅い速度とする（図1-6A）。

ドアを開けて部屋に入る際やエレベーターのボタンを押したり，進入する際には，対象者が介助者の前に存在することを忘れてはならない（図1-6B）。

車椅子のグリップを持ったままドアノブを持とうとしたり，エレベーターのボタンを押そうとすると介助者の注意が対象者からドアノブやボタンに向き，対象者をドアやエレベーターの扉に接触させてしまう可能性がある。

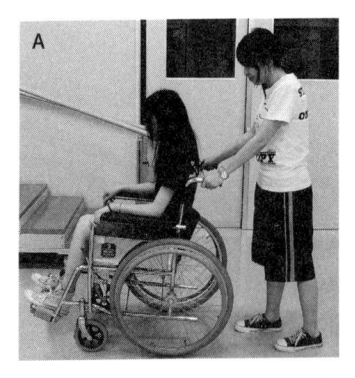

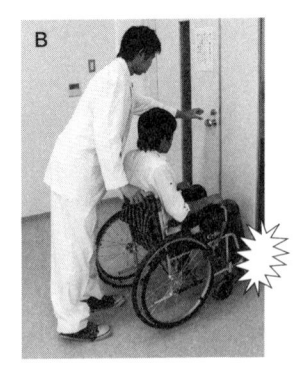

**図1-6 屋内での介助走行**
A. 移動する際には声をかけ，ゆっくりと前進する。
B. ドア開閉時やエレベーターのボタンを押す際には，ドアに対象者の足部を接触させないよう注意する。

　足部の先端（足指）はフットレストからさらに数cm前に出ているため，ドアに対象者の足指が接触し，車椅子のフットレストとの間に挟み込んでしまう可能性があるので十分注意する必要がある。
　ドアやエレベーターの前では一度車椅子のブレーキをかけて停止させ，ドアを開ける等の作業をしなければならない。

### ③ 屋外での介助走行（かいじょ）

　車椅子での移動では，屋外にてさまざまなバリアが存在している。
　人の歩行は自分の重心の上下移動を最小限に抑え，床から跳ね返ってくる力（床反力）を吸収するよう各関節が細かな制御を行っている。しかし，車椅子に乗車した場合はこのような制御機構は働かない。つまり，地面の凸凹や傾斜をそのまま乗車した対象者に伝えることとなる。
　このため，われわれが歩行する際に気にも留めないような小さな段差や傾斜，道路の凹凸は乗車している者に直接伝わることとなる。屋外での車椅子移動の介助については，道路の傾斜や歩道と道路との間の段差，点字ブロック，路面の破損等について注意深く観察しながら行わなければならない。

### ④ 路面の状況

　通常，歩道のない道路は側面になるにつれて傾斜している（道路の断面は

緩やかなカマボコ型になっている)。このため，単に車椅子を前進させるだけであっても，車椅子は道路の横方向に流される可能性が高い。介助者はこのことを十分理解して介助しなければならない。

　また，交差点では歩道と車道との間に小さな段差があることが多い。1cm程度の段差であれば乗り越えることが可能であるが，これ以上大きな段差になるとキャスターが乗り越えられない。

　段差に気づかずに駆動介助をしていると，段差で車椅子が急停止することがある。これによって車椅子に乗車している対象者は前方に投げ出される可能性さえあるので，十分路面状況に注意する。

　同様に路面のアスファルトやコンクリートが破損している場合も段差ができているので注意する。

　また，歩道のない道路や歩道と車道との間に排水溝が存在していることも多々ある。この場合，排水溝の蓋に車椅子のキャスターがはまり込んでしまわないよう注意しなければならない。

　数cmを超える大きな段差を乗り越える必要がある場合は，図1-7のようにキャスターを上げて乗り越えなければならない。

　この方法は，まず段差のすぐ手前まで前進し，片側のティッピングレバーに足をかけて，グリップとともに下向きに押し付ける方向に介助者の体重を加えると容易にキャスターを上げることができる。

**図1-7　段差の乗り越え**
① ティッピングレバーとグリップに体重をかけてキャスターを上げる。
② キャスターを段の上に乗せる。
③ 大車輪を段差に向かって押し上げる。

この場合も事前に乗車した対象者に何をするかを十分説明してから行わなければならない。

キャスターを上げた状態で段の上にキャスターを乗せるため少しだけ前進させる。段の上にゆっくりとキャスターを降ろしたら，ティッピングレバーに乗せた介助者の足を下ろし，グリップを力強く前方に進めることで大車輪（だいしゃりん）を段の上に移動させることができる。

注意すべきことは，この方法で乗り越えられる段差は数 cm であるということである。10 cm 以上の段差を超えようとしてもキャスターを上げる際の車椅子の傾斜が大きくなり，乗車した対象者に強い不安を与えるうえ，大車輪の引き上げにも苦労する。

⑤　坂道の移動

坂道の上りでは，介助者は人が乗った車椅子を坂道を押し上げなければならない（図 1-8A）。たとえ緩やかな上り坂であっても，介護者の前にある車椅子は後ろ向きに下ろうとする力が働いている。このため，介護者は力強く車椅子を押し上げる必要がある。

坂道の下りは，原則として車椅子が後ろ向きに下るよう介助する（図 1-8B）。介護者は坂道の上側に存在している車椅子をゆっくりと後ろ向きに引き降ろす。坂の上りと同様に，この時車椅子は坂の下側に位置する介護者に

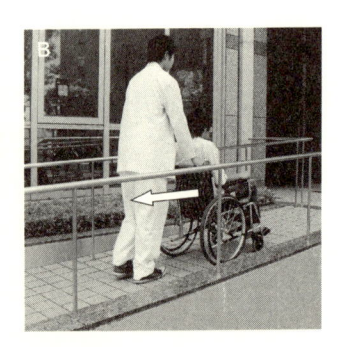

**図 1-8　坂道の操作**
A．上り坂では前向きに介助する。
B．下り坂では後ろ向きに介助する。

向かって後ろ向きに下ろうとする力が働いている。

このため，傾斜が大きくなるにつれて介護者は後方への注意とともに自分に向かって下ろうとする車椅子をしっかりとコントロールしなければならない。グリップに装着された介護者用ブレーキがあれば車椅子の後ろ向きに下る力を調整することが可能である。

屋外移動ではキャスターを上げたり，後ろ向きに走行介助(かいじょ)をしなければならない場面がしばしばある。

このため，乗車している対象者にこれからどのような方法でどのような操作をするかについて十分に伝える必要がある。

⑥ **屋外での車椅子自走**

長期にわたり生活場面で介助なしに車椅子を使用しなければならない状況に置かれた対象者については，状況判断，路面状況の判断等が十分できるかどうか認知面の評価をするとともに，屋外を駆動(くどう)し目的地まで十分な余力をもって移動できるだけの運動能力を有しているかどうかについての評価をする必要がある。

屋外での自走の初期には介護者とともに十分な練習を行い，走行路の確認や人の往来，自転車や自動車の交通状況までも確認する必要がある。

屋外で車椅子を駆動するための運動能力が不十分な場合は，電動車椅子を選択することもある。電動車椅子の多くは，アームレストの前方にあるジョイスティック（コントロール運転装置）を操作することで駆動が可能である。

もしくは，近年普及してきたシニアカーも有用である。この場合も自走式の車椅子と同様に屋外のあらゆる状況に対処できるよう認知面の十分な評価をしなければならない。

### (4) 車椅子，電動車椅子の位置づけ

標準型，介助型の車椅子，ほとんどの電動車椅子（国家公安委員会の型式認定を受けたもの：TSマークのある電動車椅子）は道路交通法において歩行者として認められているため，車道を走行してはならない。特に電動車椅子は運転免許保有者の場合，自動車や原付バイク等の通行方法にならないよ

う注意する必要がある。

　車椅子，電動車椅子の操作方法は目的の多様性からさまざまな操作方法がある。しかし，基本的に移動に関する操作は前述してきた方法が基本となる。

　屋内外での操作方法，車椅子に乗車した対象者の立場に立った介助方法を熟知して，対象者の介護，指導を実践しなければならない。

　警察庁は平成14年度に「電動車いすの安全利用に関するマニュアルについて」を作成している。ここでは利用者用と指導者用との両者の立場からマニュアルを作成しているので参考にすると良い。　　　　　　　　　（岡崎大資）

### 参考文献
(1) 警察庁「平成14年度　電動車いすの安全利用に関するマニュアルについて」
http://www.npa.go.jp/koutsuu/kikaku12/tebiki.htm

第4章 介護実習の実際

## 第 2 節
# 歩行の介助

歩行については「歩行のメカニズム」を理解する必要がある。正常な歩行を理解していることは、早期に病的な歩行を発見することにもつながる。

本節では、正常な歩行と病的な歩行について説明されている。また、各疾患がもたらす歩行の特徴を説明し、適切な歩行介助の方法が述べられている。個人にあった歩行が実現されるよう歩行介助の技術を身につけることが重要である。

## 1 歩行のメカニズムと病的歩行

### (1) 正常歩行のメカニズム

歩行は両方の脚を交互に前に出し、前進する動作を基本とし、片方の脚の働きに着目すると大きく2つの相に分けられる。

一つは足が地面から浮いて前方に振り出される時期であり、これを遊脚期という。もう一つは足が地面に接して体を支えている時期であり、これを立脚期という。歩行は両方の脚が交互に遊脚期と立脚期を繰り返す動きであるが、両方の足が地面に接している時期があり、これを両脚支持期という（図2-1）。走る時には両足とも浮いている時期があり、走行は両脚支持期のない状態と定義できる。

すべての方向に重さのつり合いが

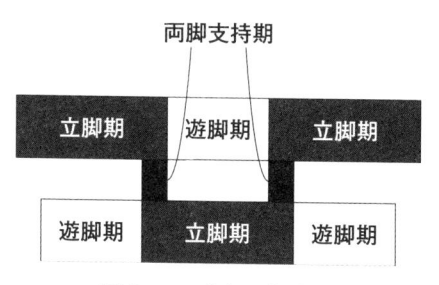

図2-1 歩行の相分け

とれている重さの中心を重心といい，人間の身体ではおおよそヘソの高さに位置する（仙骨のやや前方）。これを身体重心という。

人が平坦な道をまっすぐ安定して歩く時（定常歩行），身体重心は上下左右に規則正しく揺れながら前進している。身体重心が規則正しく動きながら歩いている状態が，安定して歩いている状態ということができる。

身体重心の上下方向の動きでは，立脚期に足の上を上半身が通過する時期（立脚中期）において最も高くなり，両脚支持期において最も低くなる。

身体重心の左右方向の動きでは，立脚中期において最も支えている脚のほうに移動し，両脚支持期において左右中央に位置する（図2-2）。

両脚支持期　　　左立脚中期　　　両脚支持期　　　5cm

左立脚中期　　　両脚支持期　　　右立脚中期　　　4cm

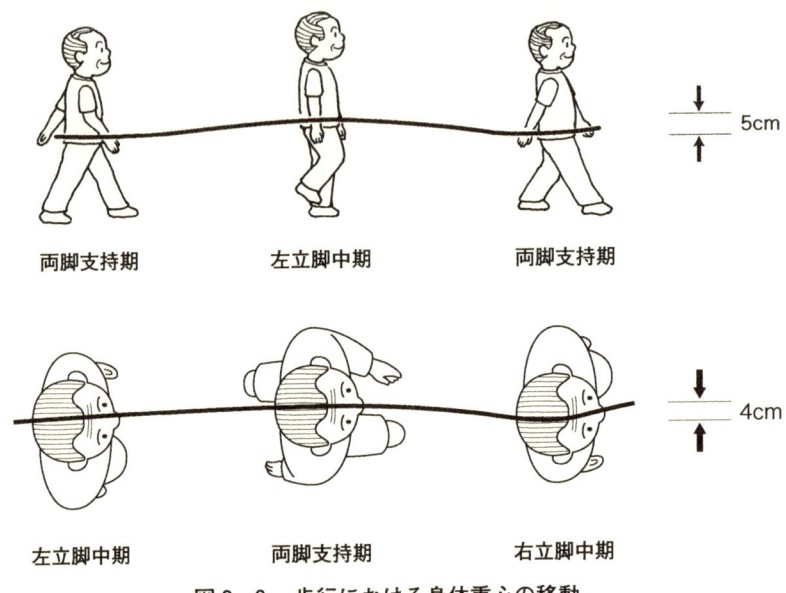

図2-2　歩行における身体重心の移動

## (2) さまざまな疾患を持つ人の歩行

### ① 脳卒中

脳卒中により生じる典型的な麻痺は痙性麻痺と呼ばれ，筋が弛緩して力が入りにくい状態や，ある一定のパターンでしか関節を動かせない状態，正常

に近い動きはできるもののぎこちない状態など，麻痺の程度によりさまざまな症状がある。脳卒中では左右どちらかの半身の上下肢に麻痺が生じることが多い（片麻痺）。

片麻痺では，歩行の遊脚期において麻痺した足を振り出す力がない，あるいは足が地面に引っかかって振り出しにくい，足が引っかからないように外側に振り出して歩く（ぶん回し歩行）などの病的歩行がみられる。

また，立脚期において麻痺した脚で体重を十分支えることができず，麻痺していない側の足をしっかり前に振り出すことができないなどの病的歩行がみられる（図2-3）。

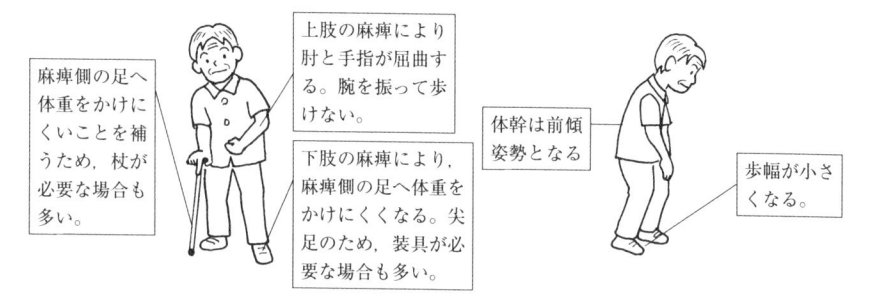

**図2-3　脳卒中にみられる典型的な歩行姿勢**

- 麻痺側の足へ体重をかけにくいことを補うため，杖が必要な場合も多い。
- 上肢の麻痺により肘と手指が屈曲する。腕を振って歩けない。
- 下肢の麻痺により，麻痺側の足へ体重をかけにくくなる。尖足のため，装具が必要な場合も多い。

**図2-4　パーキンソン病にみられる典型的な歩行姿勢**

- 体幹は前傾姿勢となる。
- 歩幅が小さくなる。

② パーキンソン病（症候群）

パーキンソン病の主な症状には，①安静時に指（上下肢全体や頸部に生じることもある）がふるえる（振戦），②力を抜いてもらい関節を他動的に動かした際に抵抗がみられる（固縮），③動作の開始が困難となる，動作が全体的にゆっくり小さくなる（無動），④バランスを崩しそうになった時に倒れないようにする反射が弱くなる（姿勢反射障害），がある。

パーキンソン病では，歩き始めの1歩目が出にくい（すくみ足），歩幅が小さい（小刻み歩行），いったん歩き始めると立ち止まったり方向転換するのが難しい（突進現象），体幹が前方に傾いたまま歩く（前傾姿勢）などの病的歩行がみられる（図2-4）。

③ 膝や腰の変形性関節症

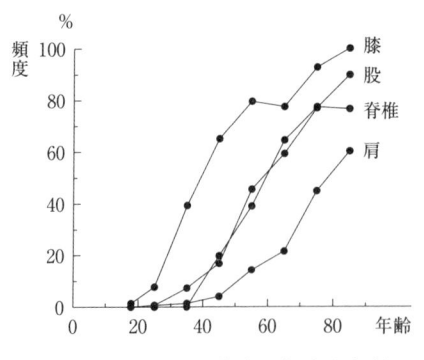

**図2-5 変形性関節症の頻度と年齢**
(Heine, J.,1926)

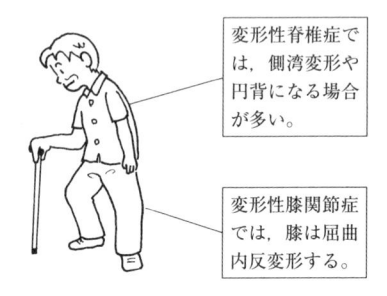

変形性脊椎症では、側湾変形や円背になる場合が多い。

変形性膝関節症では、膝は屈曲内反変形する。

**図2-6 変形性関節症にみられる典型的な歩行姿勢**

変形性関節症は加齢に伴い出現する（図2-5）。

変形性関節症はしばしば疼痛を伴うが、疼痛のない場合もある。

疼痛は関節軟骨や関節周囲の炎症が強い場合に強く生じ、特に朝起きてすぐや、歩き始め、長い距離を歩いた時などに増悪しやすい。

変形し炎症が生じている関節に体重がかかると疼痛が増悪しやすいので、臥位や座位よりも歩行時に疼痛は増悪し、階段昇降など負担のかかる動作ではさらに増悪しやすい。

また、関節変形は一定のパターンで生じることが多く、膝では屈曲内反変形、脊柱では円背（ねこ背）が典型的である（図2-6）。

関節は変形とともに動きにくくなるため、歩行中にバランスを崩すと転倒しやすい。

### ④ 肺や心臓の疾患

一般的に酸素摂取量は、安静時に比べ、ゆっくりした歩行では2倍、普通の歩行では3倍、早歩きでは4倍にまで増大する。歩行時に筋で消費される酸素は、口から肺に取り込まれ、血液中の赤血球に吸収され、いったん心臓に運搬された後、全身へ運び出される。

つまり、速く歩いたり階段昇降したりすることで筋が多くの酸素を必要とする状況では、肺は多くの空気を吸入し、心臓は多くの血液を駆出する必要がある。そのため強い運動を行う際に、肺に疾患があると息切れが生じるし、心臓に疾患があると動悸が生じる。疾患が重度になれば通常の歩行でも息切

第4章　介護実習の実際

れや動悸が生じることになる。

## 2　歩行補助具の種類と使用方法

### (1)　歩行補助具と安定性

　代表的な歩行補助具を図2-7に示す。歩行補助具による歩行の安定化を説明するには，支持基底面という概念が役に立つ。

　支持基底面とは地面に接して身体を支えている部分の外周面積であり，例えば足を閉じた立位姿勢より足を肩幅程度に広げた立位姿勢のほうが支持基底面は広くなり，結果として立位の安定性は増す。

　2本の松葉杖を前方についた立位では，支持基底面はさらに広くなり，安定した立位をとることができる（図2-8）。

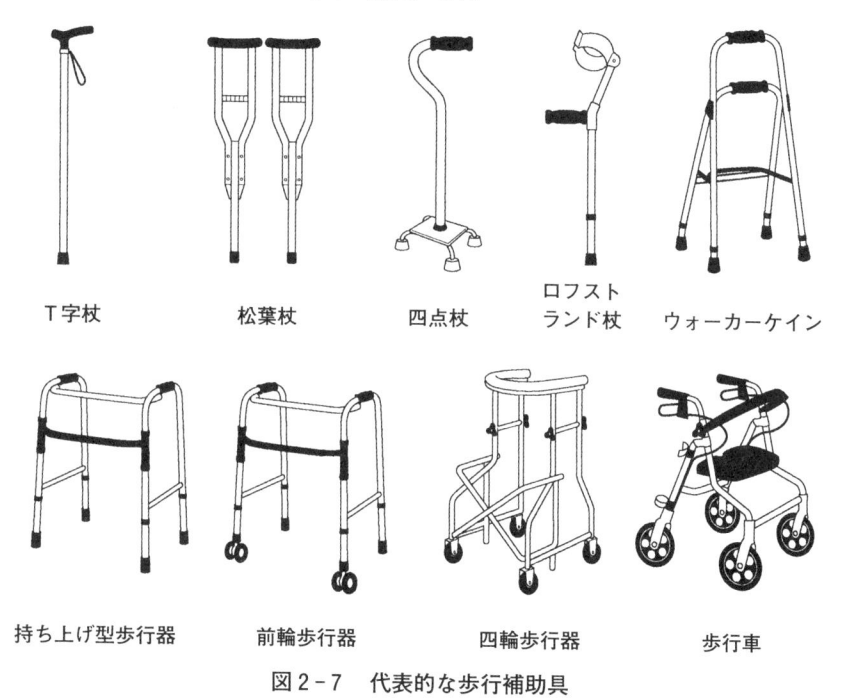

T字杖　　松葉杖　　四点杖　　ロフストランド杖　　ウォーカーケイン

持ち上げ型歩行器　　前輪歩行器　　四輪歩行器　　歩行車

図2-7　代表的な歩行補助具

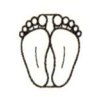

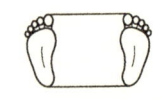

a. 足を閉じた立位　　b. 足を広げた立位　　c. 前方に松葉杖をついた立位

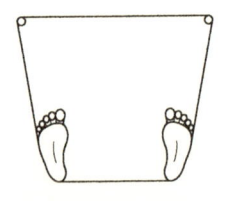

図2-8　支持基底面と安定性

### (2) 各歩行補助具の使い方

歩行補助具は身長に合わせて適切な高さに調整することで，効率よく体重を支えることができるようになる。もっとも一般的な高さの調整は床面から大腿骨の大転子までの高さに合わせる方法である。

その他に，足部の外側15cmに杖をついた時に肘が30度屈曲するように合わせるものもある（図2-9）。

ただし，円背などの脊柱変形や四肢の変形によって杖の適切な高さは異なるので，可能であれば理学療法士に調整を依頼するのが望ましい。

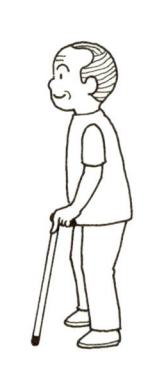

a. 床面から大腿骨の大転子までの高さ　　b. 足部の外側15cmに杖をついた時に肘が30度屈曲

図2-9　杖の高さの調整

杖のつき方は，杖の種類や疾患によっても異なるが，一般的には図2-10のような方法がある。

基本的にT字杖のような1本の杖の場合は，良い（体重を支えやすい）脚の側の手に持ち，悪い側の脚と杖を同時に前に出すことで，悪い側の脚を杖でかばうようにして使う。しかし，個人の運動能力によってつき方や杖を出

第4章　介護実習の実際

1本杖　3動作歩行

杖は良い脚の側の手で持つ。まず杖を出し，次に悪い側の脚を振り出す。杖をついて悪い脚で支える体重を減らしながら，良い側の脚を振り出す。

1本杖　2動作歩行

杖は良い脚の側の手で持つ。杖と一緒に悪い側の脚を振り出す。杖をついて悪い脚で支える体重を減らしながら，良い側の脚を振り出す。

2本杖（松葉杖など）　3点歩行

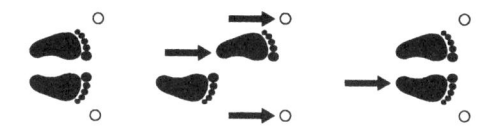

両手に持った松葉杖と一緒に悪い側の脚を振り出す。両方の松葉杖をついて悪い脚で支える体重を減らしながら，良い側の脚を振り出す。

2本杖（松葉杖など）　4点歩行

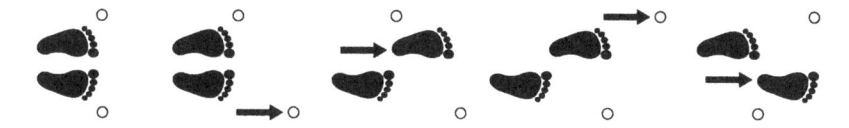

まず片側の松葉杖を出し，次に反対側の脚を振り出す。最初に出した側と反対側の松葉杖を出し，反対側の脚を振り出す。この杖のつき方は左右両方の脚が悪い場合に用いる。

図2-10　杖のつき方

す幅などが異なるので，具体的には理学療法士に相談するのが望ましい。

## 3　歩行介助の実際

### ① 個人に合った歩行を実現するために

　歩行介助(かいじょ)が必要な人は，さまざまな原因により運動能力が低下し，その結果として一人では歩行できなかったり，転倒の危険性が高かったりする。

　歩行介助する際に最も大切なことは，介助される人がどのような運動能力なのかを理解することである。しかし，専門的に理解するには一定の知識と経験が必要である。

　簡単な方法としては，介助される人の歩行の「リズム」を介助する人が体感することである。このためには，目で見る観察と介助する手から伝わる感覚が頼りになる。介助を必要とする人は正常歩行とは異なる立脚期と遊脚期のタイミングで歩いたり，身体重心の側方の揺れが左右均等でなかったりする。しかし多くの場合，正常とは異なっているとしても個人の中では一定のリズムで歩行している。介助者はその個人特有のリズムを体で覚えて，リズムが崩れた時には元のリズムに速やかに戻れるよう最小限の介助をすることが，歩行介助のコツである。

### ② 注意すべきポイント

　歩行介助における注意点を表2-1に示す。最も大切なポイントは転倒(てんとう)を予防することと，必要最小限の介助にとどめることである。

　転倒予防のためには，介助される人の歩行の特徴をつかんでおくことが必要であり，初めての介助の際には特に注意が必要である。

---

・転倒を防ぐ
・介助は必要最小限にとどめる
・どれくらいの距離を歩けるか確認し，どこまで歩くか計画を立てる
・椅子の前での方向転換は特に転倒に注意する
・ズボンなどの着衣を必要以上に引っ張り上げない
・歩行補助具の使い方を確認する

表2-1　歩行介助における注意点

介助される人がどのくらいの距離を歩けるのか，どの程度の介助が必要なのか他のスタッフとの情報交換が必要である。

実際に歩行介助する場合には，歩ける距離の限界になる前に座って休憩することが必要であり，場合によっては事前に椅子を準備しておくなどの工夫が必要である。また，椅子に座る時の方向転換や横を振り向く時，手を伸ばしてドアを開ける時などは特にバランスを崩しやすいので，注意が必要である。介助する時，ズボンなどの着衣を必要以上に引っ張り上げると非常に歩きにくくなるので，注意が必要である。

慣れた人の介助の方法をよく観察して真似することが介助上達の最も有効な方法である。

（甲田宗嗣）

**参考文献**

(1) Heine, J.: Ober die Arthritis Deformans. Virchows Arch 260 : pp. 521-663, 1926.

## 第 3 節
# 整容の介助

　一般的に，整容は社会生活を営むうえで必要な生活行動の一つである。療養中の対象にとっては，「闘病意欲をもたらす」という意味で重要である。
　本節では，整容の意義と具体的な援助方法について説明されている。健常者とは違い，障害をもつ対象への整容の援助には，各疾患がもたらす行為の障害を理解しなければならない。
　さらに，その人らしさを考慮した個別性のある援助が必要であることに留意してほしい。

## 1　「整容」の意義

　整容は，身体の清潔を保ち，健康に暮らす重要な生活行動である。顔を洗い，歯を磨き，髪を整え，そしてその人の社会生活にふさわしい衣服に着替える。さらに目的に応じ化粧や身だしなみを行う。これらの生活行動は，清潔の保持ばかりではなく，社会的なマナーとして習慣化された生活行動である。しかし，加齢や障害によってこれらの行動に困難さが生じると衛生上の問題だけでなく，生活への満足感や社会参加といったQOL（Quality of Life：生活の質）にも影響を及ぼすことになる。
　朝起きて洗面すること，寝る前に歯を磨くなどの行動は，生活時間に区切りをつける効果がある。臥床した生活がほとんどとなり，外出の必要もなくなると，生活全体が平坦となりやすい。ほとんどの時間をパジャマで暮らすなど，整容に関する意識は低下する。人と接する機会も少なくなると身だしなみに対する意識は薄れやすい。
　このような状況で，朝起きて普段着に着替え，外出時には外出着に着替え

ることは，生活にメリハリをつけ，適切な生活リズムを作り出すことになる。

## 2　衣服の着脱の介護

### (1)　衣服着脱のポイント

　座った姿勢で行える場合は，座った姿勢のほうが動作しやすい。ベッドの背もたれを上げた状態で行ったり，車椅子の背もたれを利用するのも良い。
　麻痺がある場合は，「健側から脱がせ，着る時は患側から」を原則にし介助する（脱健着患）。関節の動く範囲に制限や痛みがある場合には無理に行わないで，対象者の動作のペースに合わせる。途中で着脱の方法がわからなくなった場合は，次の動作が思い出せるような声かけをし，できるだけ自力でできるよう配慮する。

### (2)　衣服の選択

　身体状況に合わせ，着心地のよいものや着脱のしやすいものを選択する。身体の大きさよりも少し大きいめのサイズを選択すると良い。前開きのもの，袖やズボンの幅がゆったりしたデザインのものも着脱しやすい。ボタンやホックは数が少ないもののほうが良い。市販されている特殊衣類を利用するのも良い。なお，大きな縫い目や飾りがついたものは，褥瘡＊の原因になりやすいため，注意が必要である。

### (3)　具体的介助方法

#### ①　和式寝間着の交換

　臥位のままで着替えを行わなければならない場合，体位の変換をうまく利用して行う。必要以上に体を動かさないように，手順良く交換する。露出する部分にはタオルケットなどをかけ，保温等に気をつける。

---

＊　褥瘡：一般に「床ずれ」と呼ばれ，寝たきりなどで長時間同じ体位でいると，床と接触した身体の部位に血行障害が起こり，周辺組織が壊死すること。

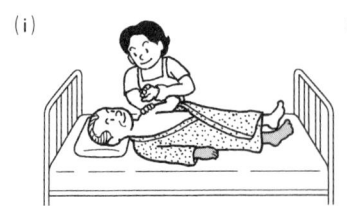

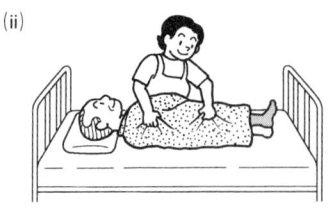

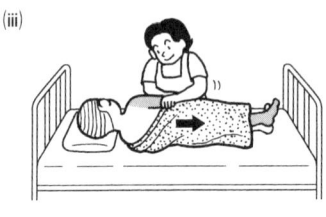

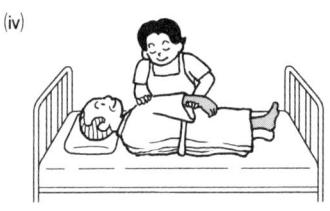

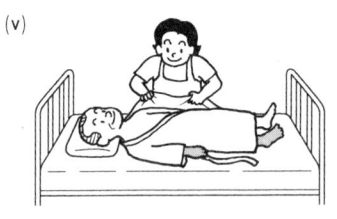

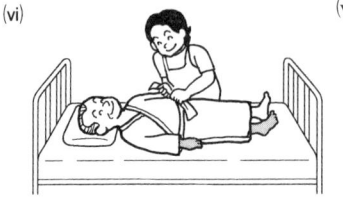

(i) 介護者は臥床している要介護者の健側のほうに立つ。要介護者を介護者の近くに移動させ、介助しやすくする。

襟を開き、健側の肩から手を入れ肘のほうへすべらせるようにして健側のほうの袖を脱がせる。この時、肩から脱がせ、肘を少し曲げて引くとスムーズにできる。

患側のほうに身体を少し傾けて、脱がせた寝間着を内側にまるめながら身体の下に深く押し込んでおく。

(ii) 健側のほうへ身体を傾けて側臥位にする。押し込んだ寝間着を少し引き出して患側の身につけている寝間着にゆとりをもたせる。

(iii) 寝間着の襟を肩からずらし、患側の袖を脱がせる。脱がせた寝間着はまるめながら取り除く。

(iv) 新しい寝間着の袖を持ち、患側のほうの手先から通す。肩、背縫い、脇のしわを伸ばして患側の身体に合わせる。寝間着の残り半身部分とひもを身体の下に押し込む。

(v) 仰臥位に戻す。身体の下にある寝間着とひもを、身体を少し患側のほうに傾けながら引き出す。健側のほうに袖を通す。

(vi) 裾をきちんと整え、ひもを少しゆるめに横に結ぶ（縦結びは死亡時の結び方であるので注意する）。背中にしわがないか、袖が身体の下敷きになっていないかなど、確認する。

② **ズボン**
1) 臥位の場合

**＜脱衣＞**
(ⅰ) 介護者は，健側へ立つ。
(ⅱ) 健側の膝を立てて腰を浮かし膝までズボンを下げ，健側のズボンを下ろす。
(ⅲ) 健側の足を脱ぎ，患側のズボンを健側の足で外す。

**＜着衣＞**
(ⅳ) ズボンを患側の足に通す（できない場合は介助する）。
(ⅴ) 健側の足にズボンを通して膝を立て，腰を浮かしてズボンを引き上げる。

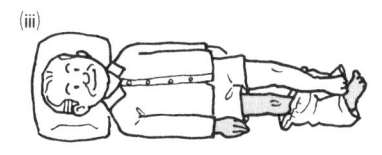

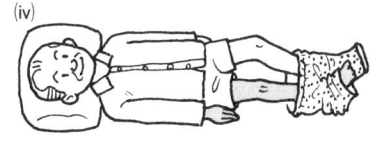

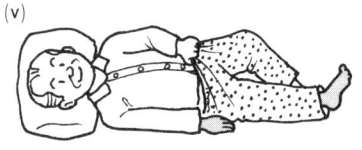

2) 座位の場合
(ⅰ) 患側の足を健側の膝の上にのせ，足を組んだ姿勢を利用すると良い。
(ⅱ) まず，ズボンを患側の足先がしっかり出るまで通し，床に下ろす。

| (ⅰ) | (ⅱ) | (ⅲ) | (ⅳ) |
|---|---|---|---|
| 患側の足を健側の膝にのせ，まず患側の足をズボンに通す | 患側の足先が出るまで上にまくる | 患側の足を降ろし，今度は健側の足をズボンに入れる | 健側の足を通したら，立って腰まで引き上げる |

(iii) 次に健側の足にズボンに通す。
(iv) 次に，立位をとり，腰の部分を引き上げる。立ち上がりや立位の保持が難しい場合，手すりを利用したり介助者が介助で行う。

　ズボンを脱ぐ場合，健側を先に脱ぎ，足を組んだ姿勢で患側を脱ぐ。

　靴下の着脱を行う場合も，足を組んだ姿勢を利用すると良い(v)。なお，足が組めない場合は，図(vi)のように適当な高さの台を用いるか，図(vii)のようにあぐら座位を利用する方法もある。脳卒中などで麻痺側下肢に装具を装着しなければならない場合も同様に考えると良い。

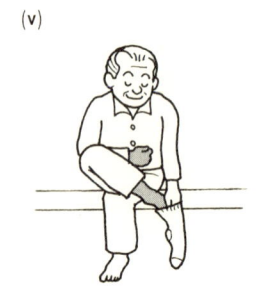

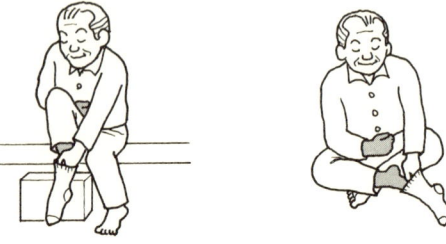

(v) 　　　　　　(vi)　　　　　　(vii)

足が交差できない時は，適当な高さの足台を使うと良い

座ってはく時は，あぐらを組んではく

③ 上着の交換

1) 前開き上着の場合

&lt;脱衣&gt;

(i) ボタンをはずし，患側の肩の部分を少し下ろす。
(ii) 健側の肩を脱ぎ，健側の袖を脱ぐ。
(iii) 最後に患側の袖を脱ぐ。

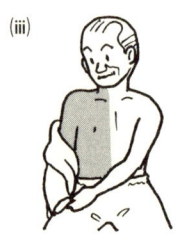

第4章　介護実習の実際

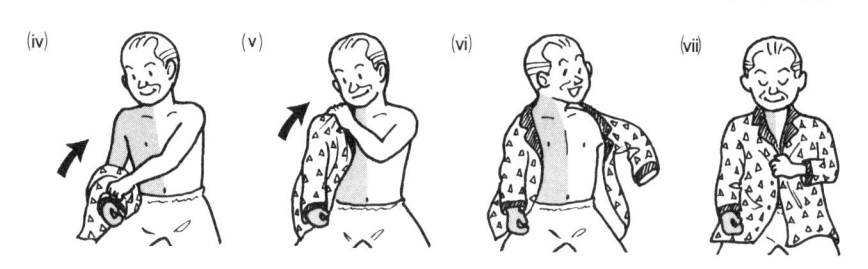

<着衣>
(ⅳ) まず，上着の袖をたぐり寄せ，袖口に患側の手を通す。
(ⅴ) さらに肩の上までしっかり引き上げる。
(ⅵ) 上着を背中へまわし，袖を健側の腕に通す。
(ⅶ) 襟元と肩の位置を整え，ボタンを留める。

2）丸首上着の場合

<脱衣>
(ⅰ) 裾を胸まで引き上げる。同様に背中側も引き上げる。
(ⅱ) 後ろの襟を持ち，頭を脱ぐ。
(ⅲ) 健側のほうの肘を抜き，袖を脱ぐ。最後に患側を脱ぐ。

<着衣>
(ⅳ) まず，上着の袖を患側の腕に通す。
(ⅴ) 健側の腕，頭の順に通す。
(ⅵ) 上着の背，肩の位置を確認し，しわを伸ばし整える。

脱衣では，健側の腕を脱いでから頭を脱いでも良い。着衣の場合も，患側の腕に通した後，先に頭を通し，健側の袖を通す順でも良い。

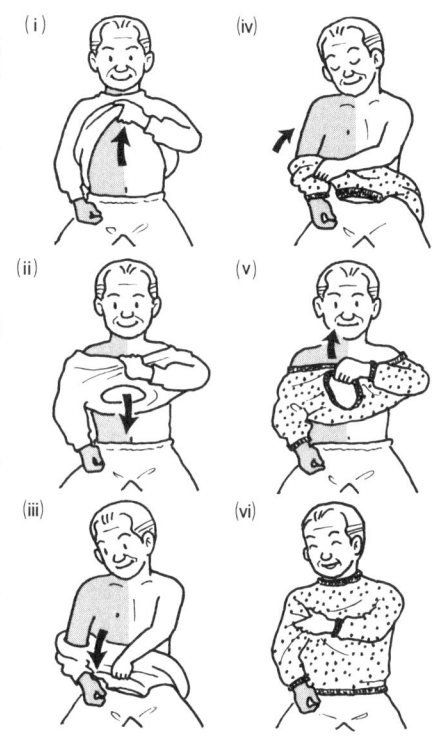

## 3　身だしなみの介護

　ひげを剃(そ)り，歯を磨くなどの一定の身だしなみをすることにより，人は他人に不快感を与えず，また積極的に交流することが可能になる。このように適切な整容(せいよう)行動が維持されないと，人とかかわりが希薄になり，社会へのかかわりが消極的になりやすい。高齢者は自発性の低下などから，鏡で自分の姿を見る機会が少なくなると，自身の姿にも無頓着になりがちである。

　例えば，外出時にその人らしい服装や化粧や身だしなみなどの装(よそお)いを援助することにより，外出の意味が拡大する。その人らしい装いは，その人に対する周囲の見方にも影響し，何よりもその人の存在を認めることにつながるからである。それは本人自身に装う意識を喚起(かんき)し，自発的な整容行動に結びつくことにもなる。

　介護者は，衣服の着脱などが「できるかどうか」に注目しがちであるが，できればその人がどのような衣服を身に着けたいか，どのような装い（化粧や身だしなみ，おしゃれ）を望んでいるかということまでにも視点を拡大し，援助したいものである。

### ●身だしなみの介護のポイント●

#### ①　「身だしなみ」に関心を持つきっかけを見つける

　対人交流の少なくなった高齢者は，それまで行われていた身だしなみへの意識も薄れがちとなる。行事に出かける，特別な人に会うなどの機会は，それまで行われてきた自分らしい装いを呼び起こすきっかけになる。

　そのような機会に，対象者に好みの服や化粧を進めたり，助言をするのも重要な支援である。外見がきれいになり，周囲の人々の見方が変わることにより，さらに本人の意欲が喚起される。自分らしい装いが周囲に認められると，身だしなみに対する関心は高まる。「人に見られる」という緊張感や期待感は，さらに自分をよりよくみせようとする意欲へと結びつく。

これは自分の存在価値を再認識する行為ともなる。たとえ外出しなくても，爪にマニキュアを塗り，髪型を整えるなど，自分だけの楽しみの習慣へと高めることができれば，生活に潤いや安らぎを与えることになる。

### ② 介護者の価値観を押し付けない

例えば「髪は短いほうがさっぱりとして清潔だ」という認識は，一般的かもしれない。しかしこのような意識は，常に対象者や家族に受け入れられるとは限らない。介護者の価値観や介護のしやすさなどにより，対象者に介護者の価値観を押し付ける結果となってしまうこともある。

身だしなみの習慣は，若い頃から繰り返し形作られてきたものであり，人それぞれに異なる。化粧などの身だしなみ・装いには，自分なりのスタイルや好みがある。介護者の価値観の押し付けとならないようにしなければならない。

### ③ 対象者の生活歴・習慣（好み）への配慮

対象者がどのような身だしなみを大切にし，習慣としていたかをまず知る必要がある。化粧や服の好みはどうか，家族や周囲の人々より把握し，配慮することが重要である。

身だしなみに対する支援は，まず本人が自発的に望むことが重要であり，そのためには，それまで送ってきた「本人らしい生活」を尊重しなければならない。本人らしい身だしなみや装いを支援することがそれらの自発的な整容行動に結びつき，生きる意欲につながる支援となる。　　　　　（山形力生）

#### 参考文献
(1) 守本とも子・星野政明編著『生活支援技術・介護過程』黎明書房，2010 年。
(2) 山根寛・菊池恵美子他編『着る・装うことの障害とアプローチ』三輪書店，2006 年。

## 第4節 食事の介助

　食事は，人が生きていくうえでの栄養補給と食を楽しむという精神的な満足の2つの大きな意義がある。さらには食事が社交の場となることもある。
　したがって，適切な食事の介助(かいじょ)は大変重要であると言える。
　本節では，食事をすることの意義と介助における配慮すべきポイントについて説明されている。また，認知症(にんちしょう)，摂食(せっしょく)・嚥下障害*のある対象者への食事援助や実際の介助についても具体的に述べられている。

### 1　食事の介助の考え方とその実際

　食事の介助(かいじょ)では，今までの食生活を続けることが困難になった高齢者に対して，できるだけこれまでの食生活が継続できるように本人ができないことを助けるという補完的なものと，残存する能力を引き出しながら自立の支援をするという2つの観点を必要とする。
　そのために介助者は食事の重要性を十分に理解したうえで，知識と技術を習得することが必要となる。

#### (1)　食事の重要性及び口から食べることの重要性

　食事をするということは，生存のための栄養素を確保するという生理的な行為であるのはもちろんのこと，五感を働かせながら盛り付けられた料理を見て，匂(にお)いを嗅(か)いで，おいしそうだ，食べたいと感じ，食感を楽しみながら

---

＊　嚥下障害：嚥下とは水分や食べ物を口の中に取り込んで，咽頭(いんとう)から食道・胃へと送り込むことである。これらの過程のどこかがうまくいかないことを「嚥下障害」という。

満腹感とともに,「おいしかった」と精神的な満足感を得ることができる行為でもある。

また,食事は,家族や気の合う友らとともに食べることで社会の一員としての自己を確認できる場であり,マナーを覚え,ともに会話をしながらコミュニケーションをとるといった社会性を身につける場ともなる。

さらに,日本には四季折々の行事食が伝統的に継承されており,それを食することで季節を感じ,高齢者においては昔を思い出し,会話が弾むきっかけとなる場合もある。

おいしく食事ができることは,その人の生きる力となり,人生を豊かにし,QOLの向上につながるものである。そのためにも「口から食べる(経口摂取)」ということの意義は大きい。

術後や急性疾患等によってあるいは認知症で口から食べることができなくなった場合に,一時的に低栄養状態を防ぐために経管栄養(食道,胃,腸に直接チューブを入れて栄養状態を確保する方法)を用いることは必要なことであるが,そこには見て楽しみ,匂い,口に入れて味わい,噛んで飲み込むという人間的な行為は存在せず,機械的に栄養を体内に注入しているだけの状態となる。この状態が長く続くことはQOLの低下に通じ,再び口から食べる可能性があるのならば,その方向に支援していくのが正しい食事の介助となる。

### (2) 介助の重要性

食事の介助においては,栄養バランスを考えるだけでなく,食べやすさや食べる人の好みを考慮に入れた食事を準備することがまず基本となる。

次に,それをその人が食べるために必要な介助は何であるかをよく観察して見極め,適切な介助を選択し実施することが必要となる。

高齢者をはじめとする食事の介助を必要とする人は,一見普通に摂食できているように見えても,実は咀嚼や嚥下がうまく行えず,飲み込めずにのどの奥に溜まっていた食べ物がのどに詰まるなどの危険が潜んでいる。

寝たきりである,認知症である,片麻痺がある,嚥下障害がある,などそ

れぞれの状況に応じた介助の方法を習得し，実施しなければならない。

座位でほぼ自分で食事ができる場合でも，その人に応じて食卓や椅子の高さを調整することや食具を使いやすいものに変えることでより安全に快適に食事をしてもらうことができる。

経管栄養の段階にある人に口から食べる支援をする場合は，安易な自己判断ではなく慎重な判断基準（北川らが作成したケアプロトコール（ケアのための規定）の手順〈文献(3)〉など）を参考に進めていくと良い。嚥下困難者の食事介助による窒息死がヘルパーのミスによるものと判断される場合もあり，食事の介助は正しい知識と技術が要求される。

食事は食べる人の大きな楽しみとなり生きる力を与えるものであると同時に，生命の危険に直結する行為でもあるということを忘れずに取り組まなければならない。

### (3) 介助にあたり配慮すべきポイント

#### ① 食事をする姿勢

座位が保持できる人は背もたれのある椅子に深く座って90度座位とし，あごを引き，うつむき加減（頸部前屈）の姿勢を取る。あごを上げてしまう（頸部後屈）と，食べ物が飲み込みにくく，気管に入ってむせやすくなる。

座位での摂食が無理な場合はベッドで仰臥位となり，最も気管に食べ物が入りにくい30度の角度にし，さらに枕を使って頸部を前屈させる。

#### ② 介助者の位置

横に並んで行う。片麻痺の人の場合は患側に座り，食べ物は健側に入れる。パーキンソン病のように左右ともに症状がある場合，症状の重い側に座り，症状の軽い側に食べ物を入れる。

#### ③ 食べ物を口に運ぶ時の注意

1) 一口の量は多すぎても少なすぎても食べにくいので，その人の一口量を把握する。
2) 次に何を食べるのかわかるように声かけをしながら，介助者は同じ目線の高さに座り，食べ物は下方から口へと運ぶ。

3) 汁物，主食，主菜，副菜をおいしく味わえるように組み合わせて口に運ぶ。汁物やお茶を間に挟むことによって，うまく飲み込むことにもつながる。介助者の都合で，一品ずつ片づけていくような食べ方や，食事に薬を混ぜてしまうようなことは絶対にしてはいけない。
4) ステンレスのスプーンやフォークが熱くなっていないか確かめる。
5) 水分の補給も忘れずに行う。嚥下障害がある場合はむせやすいので，トロミ剤を使ってとろみをつけると良い。

④ 食べるリズム

食べる人のペースに合わせるのが基本であり，急がせすぎず，食べるリズムを作ること。

## (4) 摂食障害，嚥下障害のある人の食事の形態

味覚，嗅覚，知覚の低下による食欲減退，歯牙の欠損による咀嚼困難，嚥下反射や筋力の低下による嚥下障害，消化吸収能力の低下など，体の障害や老化に伴い起こりうる食物摂取量の低下は，低栄養を引き起こす原因となる。

咀嚼と嚥下の機能それぞれの状況に応じて食事形態を選択し，低栄養になるのを予防することが大切である。特に誤嚥は窒息や肺炎につながるため，誤嚥しやすい食べ物は何か，どのような調理の工夫で誤嚥を防げるのかを知っておく必要がある。

① 誤嚥しやすい食べ物

液状のもの（水，お茶，ジュースなど粘りのない飲み物），繊維の強いもの（ゴボウ，ふき，セロリなど），酸味の強いもの，パサつくもの，のどに張り付きやすいもの（餅，のり，わかめなど），種実類，練り製品など。

② きざみ食

咀嚼困難者への食形態の一つで，普通食を食べやすい大きさにきざんだもの。個々人の状態に合わせてきざむ大きさや形を変える。

③ ミキサー食

嚥下困難者への食形態の一つで，普通食にだしなどの水分を足してミキサーにかけたもの。

④ とろみ食

嚥下困難者への食形態の一つで、液体状のものや、口の中でバラバラになるものに、とろみをつけたもの。片栗粉、ゼラチンの他、市販のトロミ剤なども利用しやすい。

⑤ その他

ミキサー食やきざみ食（極きざみ食）の場合、原型をとどめない食事となるため食欲の低下につながりやすく、味付け、色取り、器、盛り付けに工夫するほか、ゼラチンや寒天などで固めて原型を作り出すなどの工夫がなされてきた。

最近は、見た目はその食材とわかる大きさのまま歯ぐきでつぶせるような食品やテクスチャー改良剤（飲み込みサポート製品）の利用方法が開発され、介助の現場でも利用されている。

## 2　食事の介助体験

① **実習1：**

&lt;目的&gt;

声かけの重要性、何を食べるかをはっきりと告げることの重要性を確認する。

&lt;方法&gt;

2人1組で、交互に介助される側とする側を体験する。

実際に食べるものを2種類（AとB）用意し、される側は何を食べるのかわからない状態にしておく。

食べる人はアイマスクをし、介助者は何も声をかけずに、食べる人に食品Aの乗ったスプーンを口元に運び、スプーンを唇に当て（合図）、口をあけてもらって食品Aを口中に入れる。

交代して、食品Bで同様に行った後、お互いの感想を確認し合う。

&lt;解説&gt;

声かけもなく、何が口に運ばれてくるのかわからない状態は食べる人に

とっては不安感があり、おいしく食べられる状況ではない。

　視力や嗅覚が低下している人に対しては、食べる前にその日の献立を説明し、食べる時はどのくらいの大きさのどんな状態の何を口に入れるのか話しかけながらの介助が必要となる。

　この実習で、どのような声かけが効果的なのかを考えてみよう。

② **実習2：**

〈目的〉

　首の角度が飲み込みに与える影響を確認する。

〈方法〉

　90度座位・頸部前屈と頸部後屈の場合、また仰臥位でさまざまな角度に姿勢をとり、水を飲む。どの角度が飲みやすいかを体験する。

〈解説〉

　健康な人でも頸部後屈の状態では飲み込みにくいことが確認できる。

③　その他、スプーンにのせる一口量を変えて人それぞれの適量の違いをみたり、スプーンが歯や歯ぐきにあたる不快さを体験するなど、介助される側の気持ちを知ることは、ヒトの尊厳を重視した介助へとつながる。

（長島万弓）


**参考文献**

(1) 藤本眞美子編、明石恵泉福祉会著『食事ケアことはじめ』中央法規出版、2006年。

(2) 柴田浩美著『柴田浩美の高齢者の食事介助を考える』医歯薬出版、2002年。

(3) 中島紀惠子・石垣和子監修、酒井郁子・北川公子・佐藤和佳子・伴真由美編集『高齢者の生活機能再獲得のためのケアプロトコール―連携と協働のために―』日本看護協会出版会、2010年。

　＊本書114頁については、上記文献の第4章「口から食べることを目指すケア：経管栄養から経口へ」の中に詳しく記載されている。

(4) 山田律子「認知症の人が再び口から食べるために―経管栄養から経口摂取に向けて―」『おはよう21』中央法規出版、第22巻、第4号、2011年、50-53頁。

## 第5節 排泄(はいせつ)の介助

　排泄は生活を送るうえでの基本的な行為であるが、排泄行為や排泄物については、対象に羞恥心(しゅうちしん)をもたらし、人としての尊厳にかかわるものである。したがって、排泄の介助(かいじょ)には特に配慮が必要である。
　本節では、排泄物の観察のポイント、状況に応じた排泄の介助の方法と留意点が述べられている。排泄への適切な援助方法を習得することは対象との信頼関係を作り上げていくうえでも重要である。

## 1　排泄介助の重要性

### (1) 生活のリズムを知る

　排泄(はいせつ)することは、日常生活を送るうえでの基本的な行為である。誰もが自分らしい方法で排泄することが望ましい。
　他者にその行為をゆだねなければならなくなった場合でも、本人主体でなされるべきものである。
　そのためにも、日々の生活状態（食事・行動・睡眠・体位等）を確認し、健康の維持を見据(みす)えた介助(かいじょ)が大切である。

### (2) 排尿（排便）パターンを知る

　1日の内で、いつ（時間と回数）・どれくらい（量）の排尿（排便）があるのかを知ることで、身体状況を確認・管理し、本人及び介護者の負担を軽減することができる。
　同時に、スキントラブルなどの、リスク（危険）回避にもつながる。

## 2　排泄介助時の観察と留意点

### (1)　その人に合った方法（物品）で行う

　排泄（はいせつ）の一連の行為（こうい）の中で，本人ができること・できないことを見極め，残存機能を活かしながら，自立に向けた方法で介助（かいじょ）する。

|排泄行為|

尿意（便意）を確認→トイレまで移動→衣服を下ろす→座る→排尿（排便）→ペーパーで拭（ふ）く→水を流す→衣服を上げる→手を洗う→トイレから移動

### (2)　排泄環境を整える

・安全・安楽を考え，プライバシーの保護に努める。
・無理な姿勢（体位）を避け，羞恥心（しゅうちしん）に配慮する。
・排泄物の適切な処理方法を考える。

### (3)　**精神的な負担を軽くする**

・介助者は不快感を与えないように事前に準備する。
・言葉遣（づか）い・態度・表情等にも注意する。
・本人の気持ちを理解し，意思を尊重する。

### (4)　**健康チェックをする**

・排泄物の状態を観察・確認する。（色，臭い，量，形，その他）
・同時に，水分摂取量・食事量等もチェックシートを利用して確認する。
・スキンチェックをする。（発赤（ほっせき），浮腫（ふしゅ），褥瘡（じょくそう），その他）

### (5)　**排泄後の清潔を保つ**

・陰部・手指の清潔を保つ。

# 3　排泄介助の方法と留意点

## (1)　トイレでの排泄

① 　移動時の安全を確認する。
② 　トイレ内での一連の動作は，基本的には，本人主体で行う。
③ 　シャワートイレを利用すると良い。
④ 　排泄物(はいせつ)は，本人とともに確認し，健康管理への関心を向けるようにする。

## (2)　ポータブルトイレでの排泄

ポータブルトイレを選ぶ際に考慮する点

- **座位が安定する構造**：座面の高さと材質・アームレストの高さと長さ・蹴込みのスペース・背もたれの有無　等
- **移乗に安全な構造**：アームレストの有無・キャスターの有無　等
- **材質**（設置場所・掃除方法を考慮）
- **排泄物の処理方法**：ポータブルトイレの底にあらかじめティッシュなどを敷いておくと，処理がしやすい。排泄後は速やかに処理する。

① 　移動時の安全を確認する。
② 　衣服の着脱：
　　立位の場合…手すり・介助バー等を利用し，体位の安定を確認する。
　　座位の場合…介助者は，ポータブルトイレの前に位置し，本人の上半身を介助者の肩にあずけるようにして，腰を浮かせて衣服をできるだけ下ろす（上げる）。
③ 　手洗いを忘れない。手洗いが困難であれば，ウェットティッシュなどで

手を清拭するのも良い。

### (3) 尿器・便器での排泄

① ベッド上仰臥位で排泄する場合は，腹圧をかけられるようギャッチアップ*してファーラー位**にすると良い。
② 便器挿入時は，腰への負担を軽減するよう工夫する。
（腰が上がらない場合は，側臥位で挿入する。）
③ 男性の場合，自身で尿器を扱えるのであれば，側臥位で行う。

尿器

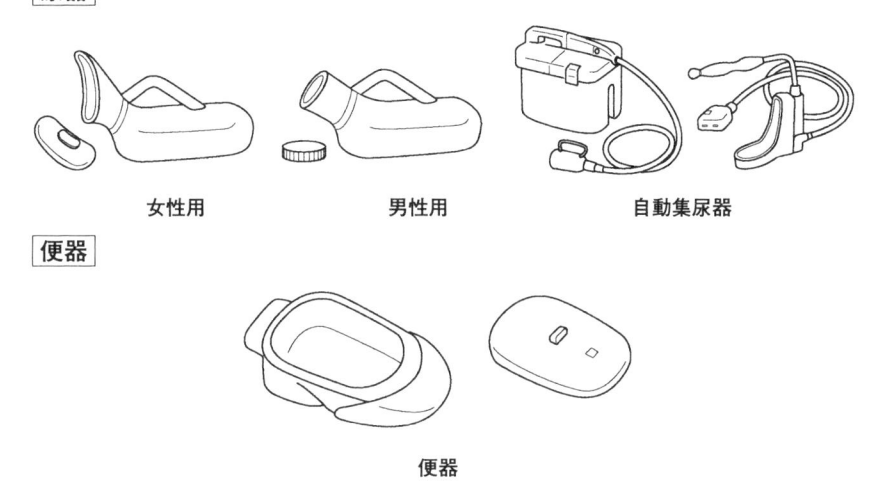

女性用　　　　男性用　　　　　　自動集尿器

便器

便器

### (4) オムツ交換

① 本人に合ったオムツ（排泄アウター・排泄インナー）を選ぶ。
　排泄アウター：外側で固定するもの
　排泄インナー：内側で尿（便）を吸収するもの
② 本人の身体的負担を少なくする。（体位変換の回数）

---
\*　ギャッチアップ：ベッドの背もたれを上げること。
\*\*　ファーラー位：半座位ともいい，上半身を30°～45°起こした体位。

③　排泄アウターの立体ギャザーの内側に排泄インナーをセットする。
④　排泄インナーの立体ギャザーを立て，足の付け根に沿うようにする。
⑤　尿漏れを防ぐために
　1）　尿量を量り，適切な排泄インナーを使用する。
　2）　排泄アウターから，排泄インナーがはみ出ないようにする。
　3）　必要以上に排泄インナーを重ねて使用し，身体との間に隙間を作らない。（スキントラブルの原因ともなる）
⑥　尿漏れになった場合，オムツのどの部分がどのようにどの程度濡れているか，排泄インナーの位置，本人の体位（側臥位，座位等）等を確認し，そのつど，問題を解決していく。

第4章　介護実習の実際

排泄アウター

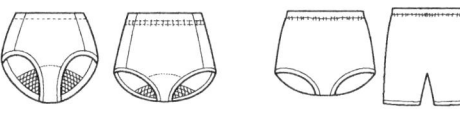

軽失禁パンツ（布）　　ホルダーパンツ（布）

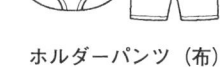

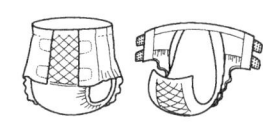

パンツ型紙オムツ　　２ウエイパンツ

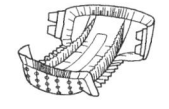

テープ止め紙オムツ　　ホルダーパンツオープンタイプ（布）　　布オムツカバー

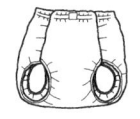

排泄インナー

軽失禁パッド（紙・布）　　尿取りパッド〔小〕（紙）　　尿取りパッド〔中〕（紙）

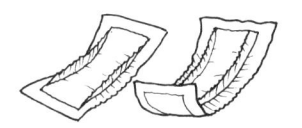

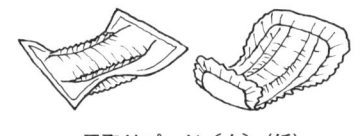

尿取りパッド〔大〕（紙）　　布オムツ

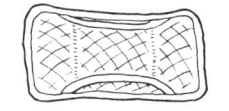

排泄アウター・排泄インナー一覧

（石井和）

# 索　引

## ア

アームレスト　87
アイコンタクト　55, 57
ICIDH（国際障害分類）　29
ICF（国際生活機能分類）　29, 30
アセスメント　71
アドボカシー（代弁者）　17, 18, 20
衣服着脱　107
ADL（日常生活動作）　27, 72
嚥下障害　114, 115

## カ

介護過程　68, 79
介護計画（ケアプラン）　38
介護実習　47, 48, 49, 50
介護福祉士　14
介護福祉士の定義　15
介護保険施設　34
介護保険制度　13
介護保険法　34
介護予防通所介護　39
介護予防訪問サービス　38
介護老人福祉施設　34
科学的根拠　69
課題の明確化　71
片手片足駆動　90
聴く　63
きざみ食　117
基本属性　56
キャスター（前輪）　88

客観的（な）情報（Objective data）　73
QOL（生活の質）　27, 115
救護施設　43
グリップ　88
グループホーム（認知症対応型共同生活介護）　39
車椅子　86
ケアハウス（C型）　37
ケアプラン（介護計画）　38, 49
計画立案　71, 76
経管栄養　115
経口摂取　115
軽費老人ホーム　37
頸部前屈　116
健康寿命　12
言語的コミュニケーション（バーバルコミュニケーション）　56, 62
権利擁護　20
権利擁護事業　21
効果的なコミュニケーション　65
合計特殊出生率　10
幸福追求権　25
高齢化率　10
高齢社会　10
誤嚥　117
小刻み歩行　99
国際障害分類（ICIDH）　29
国際生活機能分類（ICF）　29
固縮　99
個別介護　35
コミュニケーション　61

索　引

**サ**

シート　87
自己決定　19
自己研鑽　17, 21
支持基底面　101
姿勢反射障害　99
施設入所支援　41
実施　71
実習事前指導　48
児童福祉施設　42
児童福祉法　42
社会的不利（handicap）　29
社会福祉士及び介護福祉士法　14
重症心身障害児施設　41
重症心身障害者　41
修正　71
重度訪問介護　38
主観的（な）情報（Subjective data）　73
守秘義務　17, 21
障害者自立支援法　14
小規模多機能居宅介護　40
情報収集　71
自立　19
自立支援　17, 19, 46, 47
振戦　99
身体介護　38
信用失墜行為の禁止　15
信頼関係　65
スイングアウト型　86
スカートガード　87
ずりこけ座位　89
生活援助　38

正常歩行　97
生存権　25
成年後見制度　21
整容　106
生理的欲求　75
咀嚼困難　117
尊厳の保持　25

**タ**

大車輪　88
大正デモクラシー　15
多職種協働　46, 49
多職種連携　47
脱健着患　107
団塊の世代　10, 15
短期目標　76
地域密着型サービス　39, 40
長期目標　76
通院等乗降介助　38
通所介護　39
通所介護事業所　39
杖　102
デイサービス　39
ティッピングレバー　88, 93
電動車椅子　86, 95
転倒予防　104
特別養護老人ホーム　14, 34
突進現象　99
トロミ剤　118
とろみ食　118

**ナ**

内部障害　41

127

日常生活動作（ADL） 27
日本介護福祉士会倫理綱領 17, 18
日本国憲法 25
尿器 123
認知症対応型共同生活介護（グループホーム） 39
脳卒中 98
ノンバーバルコミュニケーション 56

ハ

パーキンソン病 99
バーバルコミュニケーション 56
排泄アウター 123
排泄インナー 123
バックレスト 88
ハンドリム 88
BPSD（認知症に伴う行動障害と精神症状） 27
非言語的コミュニケーション（ノンバーバルコミュニケーション） 56, 62
秘密保持義務 15
評価 71
病的歩行 97
ファーラー位 123
フットレスト 88
ブレーキ 88
平均寿命 10
便器 123
変形性関節症 99
ポータブルトイレ 122
訪問介護 37
訪問介護員（ホームヘルパー） 37

訪問介護事業所 38
歩行介助 104
歩行のメカニズム 97
歩行補助具 101

マ

マズローの欲求段階論 75
ミキサー食 117
身だしなみ 112
身だしなみの介護 112
無動 99
メッセージ 61
目標設定 71, 76
モニタリング 83
問題解決過程 70
問題解決能力 48, 49

ヤ

遊脚期 97

ラ

立脚期 97
立脚中期 98
両足駆動 90
両脚支持期 97
両手駆動 89
療養通所介護 39
倫理 17
レッグレスト 87
老人福祉法 34

ワ

和式寝間着の交換 107

執筆者一覧（所属は，刊行時のものです。）

守本とも子　岐阜医療科学大学〈編者〉
星野政明　　名古屋経済大学大学院人間生活科学研究科〈編者〉（第1章-第4節）

## 第1章
横井賀津志　姫路獨協大学医療保健学部作業療法学科（第1節）
川口ちづる　天理医療大学（第2節）
真辺一範　　社会福祉法人嵐山寮（第3節）
土田耕司　　川崎医療短期大学医療介護福祉学科（第4節）

## 第2章
奥百合子　　岐阜医療科学大学　保健科学部看護学科（第1節）
辻下守弘　　甲南女子大学看護リハビリテーション学部理学療法学科（第2節）
守本幸次　　老人保健施設　そよ風荘（第3節）
大山末美　　兵庫医療大学看護学部精神看護学（第4節）

## 第3章
新谷奈苗　　岐阜医療科学大学　保健科学部看護学科（第1節，第2節）
真辺一範　　社会福祉法人嵐山寮（第3節）

## 第4章
岡崎大資　　徳島文理大学保健福祉学部理学療法学科（第1節）
甲田宗嗣　　広島市総合リハビリテーションセンター（第2節）
山形力生　　姫路獨協大学医療保健学部作業療法学科（第3節）
長島万弓　　中部大学応用生物学部食品栄養科学科（第4節）
石井　和　　布亀株式会社マザーケア学院（第5節）

## 編著者紹介
### 守本とも子

大阪教育大学大学院教育学研究科健康科学専攻修士課程修了，関西学院大学大学院博士後期課程社会福祉学専攻修了（社会福祉学博士），早稲田大学大学院情報生産システム研究科博士後期課程退学（研究指導終了）広島国際大学助教授（在宅看護学），三重県立看護大学助教授（終末期看護学），奈良県立医科大学医学部看護学科教授（老年看護学，社会福祉学，国際看護論）を経て，現在，岐阜医療科学大学教授（基礎看護学，国際看護論），関西学院大学人間福祉学部（介護概論，介護技術，加齢と障害の理解，からだのしくみと生活）で非常勤講師を務める。

〈著書〉介護福祉士養成シリーズ『①介護の基本・コミュニケーション技術』『②生活支援技術・介護過程』，新課程・国家資格シリーズ『⑦介護概論』（星野政明共編著，黎明書房），『QOLを高める専門看護，介護を考える（上巻・下巻）』『新QOLを高める専門看護，介護を考える』（星野政明共編，中央法規出版），『老年看護学』『国際看護学への学際的アプローチ』（共著，日本放射線技師会出版会），『医療福祉学の道標』（金芳堂）他。

### 星野政明

1941年生まれ。1969年明治学院大学大学院社会学研究科社会福祉学専攻修了。同朋大学文学部社会福祉学科長。三重県立看護大学大学院教授（社会福祉学特論），三重県立看護大学看護学部教授（社会福祉学），青森県立保健大学非常勤講師（社会福祉援助技術）を経て，名古屋経済大学人間生活科学部教授（児童福祉学・社会福祉学）兼大学院人間生活科学研究科教授（社会福祉学研究・子ども福祉学研究），藤田保健衛生大学大学院客員教授（セルフケア学特論），名古屋大学医学部保健学科非常勤講師（社会福祉学B），愛知医科大学看護学部非常勤講師（保健医療と福祉），岐阜医療科学大学客員教授（社会福祉原論），九州保健福祉大学大学院連合社会福祉学研究科博士後期課程〔通信制〕（社会福祉学特殊講義Ⅰ・社会福祉原論）。

〈編著書〉介護福祉士養成シリーズ『①介護の基本・コミュニケーション技術』『②生活支援技術・介護過程』『知っているときっと役に立つ看護の禁句・看護の名句』『これだけは知っておきたい介護の禁句・介護の名句』『新課程・国家資格シリーズ①～⑤，⑦巻』（以上，黎明書房），『社会福祉学概論』（中央法規出版），『医療福祉学の道標』（金芳堂）他，共著書，論文等。

〈訳書〉『ケアリング・ワールド―福祉世界への挑戦―』（監訳）『社会福祉三つのモデル』（共訳，以上，黎明書房），『新しいアドミニストレーション』（共訳，日本YMCA同盟出版部），『イギリス社会福祉発達史』（風媒社）他。

---

## 介護実習入門

2012年3月25日　初版発行

| | |
|---|---|
| 編著者 | 守本とも子　星野政明 |
| 発行者 | 武馬久仁裕 |
| 印　刷 | 株式会社　太洋社 |
| 製　本 | 株式会社　太洋社 |

発行所　株式会社　黎明書房

〒460-0002　名古屋市中区丸の内3-6-27　EBSビル
☎052-962-3045　FAX 052-951-9065　振替・00880-1-59001
〒101-0051　東京連絡所・千代田区神田神保町1-32-2
南部ビル302号　☎03-3268-3470

落丁本・乱丁本はお取替します。　　ISBN978-4-654-05725-2

© T. Morimoto & M. Hoshino 2012, Printed in Japan

守本とも子・星野政明編著　　　　　　　　　　Ａ５判　204頁　2100円
## 介護の基本・コミュニケーション技術
　　介護福祉士養成シリーズ①　尊厳の保持，自立支援という新しい介護の考え方から，介護サービス，介護における安全，チームケア等介護の基礎について理解するためのルビが多くて読みやすい関係者必携の書。

守本とも子・星野政明編著　　　　　　　　　　Ａ５判　221頁　2200円
## 生活支援技術・介護過程
　　介護福祉士養成シリーズ②　身じたく，移動，食事，入浴，排泄などにおける実践的な介護の方法と，介護過程の意義，介護の展開などについて解説。ルビが多くて読みやすいのでテキストに最適。

R.ピンカー著　星野政明・牛津信忠訳　　　　　Ａ５判　376頁　4300円
## 社会福祉三つのモデル　福祉原理論の探究
　　現実主義的理想主義に基づく「新重商主義的集合主義」による社会福祉の第三モデルを提起。イデオロギー終焉後の世界を見通した名著の改訳版。日本の福祉像に光を与える「時を越えて生きる福祉原理論」。

OECD編　牛津信忠・星野政明・増田樹郎監訳　　Ｂ５判　171頁　2800円
## ケアリング・ワールド　福祉世界への挑戦
　　各国の経済学・人口統計学上のデータから現代社会の実状を描き出し，「福祉世界」の実現に向けた新しい社会政策の在り方を示す。福祉関係者必読。支出傾向／所得の分配／雇用指向の社会政策実現への課題／他。

星野政明・増田樹郎編著　　　　　　　　　　　四六判　214頁　1600円
## これだけは知っておきたい介護の禁句・介護の名句
　　介護の現場で使われがちな不適切な言葉がけの事例を紹介・考察し，利用者との信頼関係をつくる適切な言葉がけをアドバイス。またいつもと同じ昔話ですね／がんばって食べましょうね／今忙しいから／他。

前原澄子監修　増田樹郎・星野政明・川野雅資編著　四六判　239頁　1900円
## 知っているときっと役に立つ看護の禁句・看護の名句
　　看護の現場で不適切な言葉がけの事例を「気配りとしてのケア」「共感としてのケア」「心情に寄りそうケア」などに分けて紹介。利用者や家族の心身を癒す適切な言葉がけをアドバイス。いつものことですね／他。

高齢者アクティビティ開発センター監修　高橋紀子著　Ｂ５判　64頁　2000円
## 高齢者と楽楽コミュニケーション　レク・生活の場面編
　　イラスト版　アクティビティディレクター入門シリーズ①　高齢者と上手にコミュニケーションを取りながら，個々の高齢者の心身の状態を的確に把握し，生活場面に応じたレクを楽しく進めるためのノウハウ。

表示価格は本体価格です。別途消費税がかかります。

高齢者アクティビティ開発センター監修　片桐由喜子著　B5判　64頁　2000円
## 高齢者と楽楽コミュニケーション　手工芸の場面編
　　　イラスト版　アクティビティディレクター入門シリーズ②　高齢者・家族や他のスタッフと上手にコミュニケーションを取りながら，高齢者一人ひとりの好みや症状にそった手工芸活動を提供するためのポイント。

高齢者アクティビティ開発センター監修　綿祐二編著　B5判　64頁　2000円
## 高齢者の寄りそい介護　考え方・進め方
　　　イラスト版　アクティビティディレクター入門シリーズ③　高齢者のよりおいしく食事をすること・より気持ちよい排泄・より気持ちよい入浴・より心地よい衣服の着脱などの考え方と介助の仕方を紹介。

藤島一郎監修　青木智恵子著　B5判　130頁　2300円
Dr・歯科医師・Ns・ST・PT・OT・PHN・管理栄養士みんなで考えた
## 高齢者の楽しい摂食・嚥下リハビリ&レク
　　　効果の上がるリハビリやレクを，摂食・嚥下の基礎知識，障害予防，医学的解説を加えて紹介。コピーして使える「摂食・嚥下カルタ」付き。

藤島一郎監修　青木智恵子著　B5判　135頁　2600円
Dr・歯科医師・Ns・PT・OT・ST・PHN・介護福祉士みんなで考えた
## 高齢者の楽しい介護予防体操&レク
　　　介護予防の基礎知識，専門職のアドバイスを取り入れた医学的根拠をもつ転倒予防・嚥下障害予防の体操・レクを，楽しいイラストを交え紹介。

今井弘雄著　A5判　98頁　1500円
## 車椅子・片麻痺の人でもできるレクリエーションゲーム集
　　　高齢者のレクリエーションシリーズ⑤　車椅子・片麻痺の人も，グループの仲間に入って楽しめるゲームを，イラストを交えて42種紹介。テーブルサッカー／後ろ投げバスケット／クルクルロケット／射的／他。

田中和代著　B5判　80頁　1500円
## 重度痴呆のお年寄りのレクリエーション援助　痴呆の人も幸せに
　　　重度痴呆のお年寄りに，生きる喜びや人とのふれあいの機会をより多く持ってもらうための，一人ひとりの症状や生育暦に対応した，新しい援助実践の考え方・進め方を，豊富な具体例とともに紹介。

田中和代著　B5判　79頁　2600円
## 痴呆のお年寄りの音楽療法・回想法・レク・体操
　　　CD付：車イスの人も一緒にできる体操　専門家でなくてもできる手拍子を取り入れた音楽療法や，様々なレクの方法を，図と写真を交えて紹介。リハビリ体操，タオル体操は，付属CDですぐに実践できます。

表示価格は本体価格です。別途消費税がかかります。